ARMIN JANS

WIE MÄNNER

120 M-Impulse für Denker und Macher

cap-books

INHALT

VOR
WORT

M-Impulse für Denker und Macher

Angefangen hatte alles mit der Suche nach einem geeigneten Geburtstagsge-
schenk für einen Freund. Meine Geschenk-Idee: Ein Buch, das sogar Männer
ab und zu mal in die Hand nehmen.
Etwas Nahrhaftes für die Sättigung der Seele,
    etwas Nieder-Schwelliges für die Schwelle des Tages,
        etwas Leichtes für die Schwere der Aufgaben,
           etwas Kurzes für die Länge der Arbeitstage,
             etwas Praktisches für die Komplexität des Alltags,
               etwas Sichtbares für die Geheimnisse des Lebens.

Und nun sind sie fertig, die Impulse für Denker und Macher.
Mein Wunsch: Dass Männer herausgefordert werden,
                    vertieft werden,
                      offen werden,
                        bewegt werden.

Richtig stolz bin ich, dass die eindrücklichen Portraits und Bilder von Benjamin Kress das Buch im wahrsten Sinn des Worts „füllen". Das erste Mal
gesehen, komme ich nicht mehr los von den Ergebnissen seines genialen
Blicks für Situationen, Perspektiven und Besonderheiten. In den vergangenen
Jahren war er oft rund um den Globus unterwegs und hat unzählige Situationen und Menschen abgelichtet.
Du findest hier paar der aussagekräftigsten „Manns-Bilder" aus der Südsee,
aus Asien und eins aus Europa – ergänzt durch vertiefende „Denk-Sprüche".

Und vielleicht,
vielleicht entdeckst du ja durch dieses Buch mehr vom Leben und mehr von
Gott. Wie klasse wäre das!

Armin Jans

MACHER

**Alles, was dir vor die Hände kommt,
es zu tun mit deiner Kraft, das tu.**
Die Bibel in Prediger 9,10 (LUT)

Wir Männer sind fürs Leben gerne „Macher", „Gestalter", „Packer" und „Bringer".
Wir machen, was nötig ist,
    gestalten unser Umfeld,
        packen an, wenn es gefordert ist,
            bringen uns selbstverständlich ein.
Wir preschen voran,
    geben die Richtung vor,
        bringen in Bewegung.

Ein Rabbi war bekannt für seine weisen Worte.
Eines Tages sagte er zu seinen Schülern:
„Weisheit wird nicht in Worten ausgedrückt, sie zeigt sich im Handeln."
Als er dann sah, wie sich alle Hals über Kopf in Aktionen stürzten,
lachte er laut:
„Das ist nicht Handeln, das ist Bewegung."

Ja. So ist es:
Es gibt einen Riesen-Unterschied zwischen Bewegung und Handeln,
    zwischen kopfloser Aktion und gezieltem Tun,
        zwischen blindem Engagement und sinnvollem Handeln.
Jeder weiß das.
Nur: Leben wir das auch?

To Do:
Frage dich bei deinen geplanten
Aktionen nach Sinn und Ziel!
Haushalte mit deiner Kraft!

MACHO

Auf Stolz folgt Sturz, nach Übermut kommt Untergang.
Die Bibel in Sprüche 16,18 (GNB)

Macho: Ein Klischee. Ein Schimpfwort. Ein Typus.
Wer will schon gern ein Macho genannt werden …
Machos gelten als übertrieben männlich,
        als maßlos sexistisch,
           als unangemessen hochmütig.

Und wer hochmütig ist, macht sich unerreichbar für andere.
Er isoliert sich selbst.

Stolz macht einsam,
    macht klein,
      macht hässlich,
        macht kaputt.

Wer sich selbst groß macht, ist nicht groß.
Wahre Größe zeigt sich in kleinen Gesten,
        großer Zurückhaltung,
        hoher Zufriedenheit,
        weitem Herzen,
        tiefer Zuwendung,
        faszinierender Echtheit.

Wer so lebt, macht sich erreichbar für alle Menschen, ist nie allein.

To Do:
Lebe wahre Größe (siehe oben)!
    Vermeide Hochmut!
      Bleib erreichbar für deine Mitmenschen!

Helft einander,
eure Lasten zu tragen.

(Paulus in der Bibel; Galater 6,2)

MACHTHABER

Macht ausüben ist dem Menschen wesentlich.
Romano Guardini[1]

Macht-Haber – das sind wir. Ein Leben lang.
Schon als Kleinkinder plärren wir so lange, bis wir unseren Willen
bekommen. Mit dem Älterwerden erweitern wir unser Repertoire an
„Machtausübung",
mal offen,
    mal versteckt,
        mal gewaltsam,
            mal berechnend.

Schau dir dein Leben an: Es geht in vielen privaten und geschäftlichen Gefü-
gen nur darum, wer das Sagen hat. Wir stecken alle drin. Keiner von uns
fällt dabei raus.

Eine der großen Herausforderungen unseres Lebens ist, wie wir Macht leben
– und wie wir damit umgehen, wenn wir Macht erleben.

Da fällt mir ein:
Jesus hat mal in seiner ganz besonderen Art beschrieben, wie er sich das vor-
stellt: *„Ihr wisst, dass die Völker die Macht der Großen zu spüren bekommen. Bei euch
soll es nicht so sein. Im Gegenteil: Wer unter euch groß werden will, soll euch dienen."*
(Matthäus 20,25; NGÜ)

Das Beste: Jesus hat das selbst gelebt.
Dieser Mann zeigt eine Macht, die sich so vollkommen selbst beherrscht,
dass sie es schafft,
sich nicht zu profilieren,
    auf sich zu verzichten,
        nicht auf ihr Recht zu pochen,
            allen Menschen zu dienen.

Könnte das auch bei uns funktionieren?

To Do:
Versuche heute oder morgen, bei einem Menschen auf Macht
zu verzichten und stattdessen ihm/ihr zu dienen!

MACKEN

Es hat der Mensch
auch seine schwachen Seiten,
und meist sind die allein
maßgebend bei den Leuten.

Jean Baptiste Molière (1622-1673)

Wer will schon gerne seine Macken unter die Nase gerieben bekommen?
　　Wer will schon gerne nach seinen schwachen Seiten beurteilt werden?
　　　Wer will schon gerne über seine Fehler definiert werden?

JederMann hat Schwächen.
JederMann muss lernen, damit umzugehen –
　　bei sich selbst und
　　　bei anderen.

Es kostet zu viel Kraft, unsere Schwächen zu verschweigen oder zu unter-
drücken. Sie gehören zu uns. Man(n) muss lernen, dazu zu stehen.
Dann werden wir auch entdecken – so drückt es Jean-Jacques Rousseau aus:
„Indem wir unsere Schwäche bekennen, vermehren wir unsere Kraft."

Und die Schwächen anderer?
Wir urteilen zu schnell über die Schwächen,
　　　　denken zu langsam an die Stärken.

Schade.

Denn: Die starken Seiten eines Menschen sind die entscheidenden Seiten.

To Do:

Stehe zu deinen Schwächen! Entscheide dich heute,
die starken Seiten deiner Mitmenschen zu sehen!

MÄDCHEN

Wer Töchter hat, ist stets Hirte.
Holländisches Sprichwort

Die Vater-Tochter-Beziehung ist einzigartig. Der Vater ist der erste Mann im Leben einer Frau ... und der Wichtigste. Forscher haben entdeckt, dass Mädchen mit einer guten Beziehung zu ihrem Vater in aller Regel ein gutes Selbstbewusstsein haben.

Frage: Was können wir tun, damit unsere Töchter zu selbstbewussten, beziehungsfähigen, lebensfrohen Frauen werden?

Zum Durchbuchstabieren:

Vorbild
Sei als Ehemann respektvoll, fair und liebevoll – daran wird die Tochter ihren Selbstwert als Frau messen.

Anerkennung
Sei nicht knausrig im Loben und Bewundern ihres Humors, ihres Lachens, ihrer Stärke, ihrer Intelligenz und ihrer inneren Werte.

Teilen
Erfolge und Misserfolge, Freude und Trauer, Lachen und Weinen – verberge nicht, was dich berührt und wie du damit umgehst.

Ermutigung
Ermutige deine Tochter, die zu sein, die sie in Wirklichkeit ist – und trotzdem Dinge zu tun, vor denen sie sich fürchtet.

Reden
Sprich mit ihr über ihr Leben und ihre Verantwortung für sich selbst – und lass sie wissen, dass du sie liebst und immer für sie da bist.

Unsere Töchter sollen durch unser Reden und Handeln hören und spüren, wie einzigartig, wertvoll und liebenswert sie sind,
wie würdevoll man(n) mit Frauen umgehen kann
... und das gilt nun auch für tochterlose Männer.

To Do:
Mach jedem aus deiner Familie heute mindestens ein Kompliment!

MÄRCHEN

Legt das Lügen ab und sagt zueinander die Wahrheit.
Die Bibel in Epheser 4,25 (GNB)

„Erzähl doch kein Märchen!", so sagen wir, wenn wir andeuten möchten, dass jemand nicht die Wahrheit sagt. Wir leben alle miteinander mit solchen „Märchen", mit Lügen, mit Unwahrheiten, mit Heuchelei.

Frage:
Was würde passieren, wenn plötzlich innerhalb eines Augenblicks alle Lügen, alle Halbwahrheiten, alle Heucheleien um uns sichtbar würden?

Was wäre bei mir zu sehen, was bei denen neben mir?
      Was wäre auf meiner Arbeitsstelle zu sehen, was zu Hause?
        Was wäre in den Kirchen zu sehen, was in den Plenarsälen?
Wir ahnen den Umfang dieser Vorstellung.

Lüge scheut die Öffentlichkeit.
    Es ist das Wesen der Lüge, heimlich zu sein.
      Aber es ist das Wesen der Wahrheit, offen und öffentlich zu sein.
Lüge scheut das Licht.
    Es ist das Wesen der Lüge, das Leben dunkel zu machen.
      Aber es ist das Wesen der Wahrheit, das Leben zu erhellen.
Lüge macht krank.
    Es ist das Wesen der Lüge, kaputt zu machen.
      Aber es ist das Wesen der Wahrheit, Beziehungen zu heilen.

Ein Hoch auf die Wahrheit,
      auf die Wirklichkeit,
        auf die Echtheit!

To Do:
Sag die Wahrheit, verbiete dir zu lügen, bleibe echt …
auch in Kleinigkeiten!

MÄUSE

Fällt euch Reichtum zu, so hängt euer Herz nicht daran.
Die Bibel in Psalm 62,11 (LUT)

Wir haben Geldwerte „Mäuse" getauft – warum auch immer.
Vielleicht wegen der dazu gehörenden Fallen …!?

Äsop, der griechische Sklave und Dichter, beschreibt die größte aller Fallen
in einer Fabel:

*Ein Geizhals tauschte sein ganzes Vermögen in einen Goldklumpen und vergrub ihn
neben einer alten Mauer. Jeden Tag ging er, um danach zu sehen. Einer seiner Arbeiter
bemerkte das, ging hin und stahl das Gold. Als der Bestohlene den Verlust bemerkte,
fing er laut an zu klagen. Da eilte ein Nachbar herbei. Als er Grund für die Verzweif-
lung erfuhr, tröstete er den Geizhals:*
„Sei nicht verzagt!
   Nimm einen Stein,
      vergrabe ihn und tu, was du bisher getan hast!
*Der Stein wird dir den gleichen Nutzen bringen! Denn als das Gold noch da war, hast
du es nicht besessen, weil du keinen Gebrauch davon gemacht hast."*

Das ist die größte aller „Mäusefallen": Der Geiz.
Davon sollten wir uns fernhalten.
   Damit darf man(n) nicht spielen.
      Davor bewahre uns Gott.

To Do:
Halte dein Herz frei von materiellen Abhängigkeiten!
Überlege, wo du in Gefahr bist!

MAGEN

**Der Mensch lebt nicht nur von Brot,
sondern von jedem Wort, das aus Gottes Mund kommt.**
Die Bibel in Matthäus 4,4 (NGÜ)

Es gibt zwei Fragen, die die Menschheit bewegen: Die Frage nach Brot für den Magen und die Frage nach Gott für die Seele. Oft streiten diese Fragen auch gegeneinander.
Wie kann ich selbst jeden Tag satt werden?
    Und wie kann ich dafür sorgen, dass möglichst viele Menschen satt werden?
Wer ist Gott?
    Und wie kann ich ihn hören, sehen, kennenlernen?

Die große Frage, die eigentlich hinter der Brot- und Gott-Frage steht, ist:
Was brauchen wir zum Leben und zum Sterben,
                    für den Magen und für die Seele?

Zwei Hinweise:
1. Wir brauchen Brot zum Leben … alle brauchen das.
      Und man(n) sollte sich mit diesem Wissen nicht davor drücken,
      verantwortlich zu handeln.
2. Wir brauchen Gott zum Leben und zum Sterben … alle brauchen das.
      Und man(n) sollte sich mit diesem Wissen nicht davon abhalten lassen,
      Gott zu suchen,
          seine Hinweise wahrzunehmen –
            in allen Situationen.

To Do:
Überlege, wer heute deine Hilfe, dein Brot braucht!
Beobachte, wo Gott dir heute begegnet!

MAGIE

Das Gebet ist kein Mittel zum Erreichen beliebiger Ziele oder Güter, denn dann wäre es Magie, also das Gegenteil eines Gebets.
Tomás Halik[2]

Warum beten wir?
Um etwas zu erhalten? Um Wünsche zu äußern? Um den Lauf der Dinge zu ändern?

Die Bibel erklärt: Beten bedeutet nicht mehr und nicht weniger,
als mit Gott zusammen zu sein,
    Gemeinschaft zu pflegen.

Somit ist Beten keine Magie, um von Gott zu erhalten,
                sondern ein Weg, um Gott zu begegnen.

Wenn Gebet nicht Magie ist, kann es gut sein, dass Gebete anders „ausgehen" als wir es denken. Die Worte eines unbekannten Soldaten aus dem amerikanischen Bürgerkrieg feiern das:

Ich bat Gott um Stärke,
    ER aber machte mich schwach, damit ich Bescheidenheit und Demut lerne.
Ich erbat seine Hilfe, um große Taten zu vollbringen,
    ER aber machte mich kleinmütig, damit ich gute Taten vollbrächte.
Ich bat um Reichtum, um glücklich zu werden,
    ER aber machte mich arm, damit ich weise würde.
Ich bat um alle Dinge, damit ich das Leben genießen könnte,
    ER aber gab mir das Leben, damit ich alle Dinge genießen könne.
Ich erhielt nichts von dem, was ich erbat,
    aber alles, was gut für mich war.
      Gegen mich selbst wurden meine Gebete erhört.
Ich bin unter allen Menschen ein gesegneter Mensch.

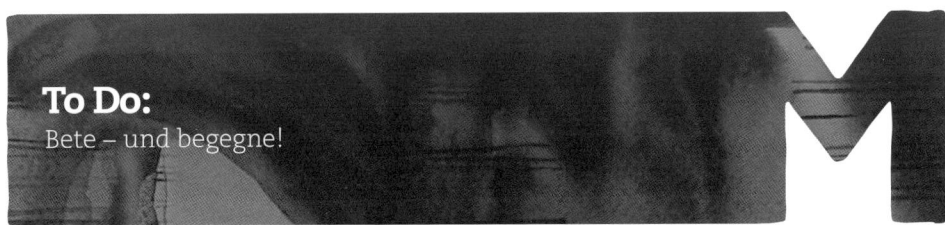

To Do:
Bete – und begegne!

MALOCHE

Arbeit ist des Lebens Würze.
Deutsches Sprichwort

Woran mache ich eigentlich meine Identität fest?
  Woran hängt meine Identität?
An dem, was ich kann,
   was ich scheine,
    was ich arbeite,
     was ich studiere?

Woran hängt deine Identität?
Klar ist: Was du arbeitest, ist nur ein kleiner Teil dessen, was du wirklich bist.
Was andere jetzt von dir sehen (und du von ihnen), ist nur ein winziger
Hauch dessen, was du eigentlich bist.
Du kannst deine Identität nur dann „lesen", wenn du tiefer gräbst.

Sicher ist: Unsere Identität hat nur sehr wenig mit unserer Arbeit zu tun.
Man(n) tut aber oft so!
 Wir legen in jeden Arbeitstag so viel Energie,
 als müssten wir uns ständig beweisen, dass wir es wert sind, geachtet zu
 werden.
 Wir setzen jeden Tag unsere ganze Identität aufs Spiel,
 als ob sie an unseren Aufgaben hängen würde.

Das kostet viel Kraft.
So werden wir müde.

To Do:
Schreibe auf, woran du deine Identität festmachen willst!

MANAGER

Hätte ich Flügel
und könnte mich wie die Morgenröte niederlassen
am äußersten Ende des Meeres,
so würde auch dort deine Hand mich leiten,
ja, deine rechte Hand würde mich halten!
Die Bibel in Psalm 139,9-10 (NGÜ)

Ein Wortursprung des Begriffs „Manager" liegt im Lateinischen (manus agere) und meint „an der Hand führen".
Wenn alle Manager das leben würden,
    die Geschäftswelt würde Kopf stehen,
        Angestellte könnten befreiter arbeiten,
            Menschlichkeit würde Raum gewinnen!

Ein Gedanken-Spiel:
Wenn Gott der „Manager" dieser Welt ist. Dann heißt das nicht nur, dass er der Chef ist. Dann heißt das doch auch (manus agere):
Er nimmt die Menschen an der Hand,
                er führt sie,
              er hält sie,
                  überall, jederzeit, auf ewig.
Du bist nicht allein.
    Du bist geführt.
        Du bist gehalten.

Ob du das merkst oder nicht.

To Do:
Stell dir heute nur ein einziges Mal vor,
dass der Mächtigste dich hält!

MANCHMAL

Alles hat seine Zeit.
Die Bibel in Prediger 3,1 (GNB)

Manchmal lebe ich unbeschwert – manchmal auch nicht.
   Manchmal lebe ich voller Elan – manchmal auch nicht.
      Manchmal lebe ich tiefgründig – manchmal auch nicht.

Manchmal kann ich glauben – manchmal auch nicht.
   Manchmal kann ich warten – manchmal auch nicht.
      Manchmal kann ich helfen – manchmal auch nicht.

Manchmal sehe ich klar – manchmal auch nicht.
   Manchmal höre ich gut hin – manchmal auch nicht.
      Manchmal heilen meine Worte – manchmal auch nicht.

Manchmal sind meine Beziehungen leichtgängig – manchmal auch nicht.
   Manchmal sind meine Begegnungen beglückend – manchmal auch nicht.
      Manchmal sind meine Beurteilungen richtig – manchmal auch nicht.

All das gehört zu meinem Leben – zu deinem auch.
Immer können wir uns entscheiden,
      zu rebellieren – oder zu wachsen,
         uns zu ärgern – oder zu wachsen,
            in Angst zu versinken – oder zu wachsen.

Man(n) kann Wachstum zulassen – oder sich sperren.

To Do:
Entscheide dich heute fürs Wachsen
… in jeder Situation!

Nicht nachbedenken, sondern vorbedenken soll der weise Mann.

Epicharm (um 550-460 v. Chr.)

MANDAT

Du hast einen Auftrag für alle,
und wäre es nur ein freundlicher Gedanke,
ein Gruß, ein stummes Gebet.

Eva von Tiele-Winckler (1866-1930)

Das Wort „Mandat" kommt aus dem Lateinischen; mandare heißt „beauftragen" oder „aus der Hand geben".
Was ist eigentlich der Auftrag für uns Menschen?
    Welches Mandat haben wir als Menschen zu erfüllen?

In der Schatzkiste der christlichen Literatur finden wir unzählige Bücher und Bände, die die Frage zu beantworten suchen.
Dietrich Bonhoeffer spricht in seiner nicht ganz fertiggestellten Ethik von den „Vier Mandaten": Arbeit,
                    Ehe/Familie,
                        Obrigkeit/Politik,
                          Kirche.
Diese vier „Auftragsfelder" hat jeder Mensch, ob er das weiß oder nicht,
                          ob er das will oder nicht.

Ein interessanter Gedanke.
Kein Mann kann und soll sich einfach klammheimlich aus dem Staub machen,
                    aus seinem Mandat stehlen.

To Do:
Finde deinen ganz speziellen Auftrag
für heute und morgen!

MANGEL

Gebt euch zufrieden mit dem, was ihr habt.
Die Bibel in Hebräer 13,5 (NGÜ)

Uns geht's gut. Eigentlich.
Und doch ertappen wir viele Menschen dabei (und manchmal auch uns
selbst), sich mehr auf den Mangel zu konzentrieren, als auf das, was sie haben.
Daraus folgt Unzufriedenheit.
Eins steht fest: Mit unzufriedenen Menschen ist keiner gerne zusammen.

Sie gleichen Thermometern, die lediglich registrieren, was sich um sie
herum abspielt. Leben sie in angespannten Situationen, sind sie verspannt.
    Läuft es gerade mal nicht glatt, hadern sie mit dem Schicksal.
      Ist die Situation stürmisch, melden sie Sorge und Angst.

Andere dagegen gleichen Thermostaten, die die Atmosphäre um sich herum
regulieren. Sie bewirken Veränderung, weil sie nicht zulassen, dass Situationen bleiben, wie sie sind.
    Sie prägen ihre Umgebung positiv, weil sie sich nicht ihrem Schicksal ergeben.
      Sie machen gute Atmosphäre, weil sie nicht resignieren und verkrampfen.

Zufriedene Menschen sind dankbare Menschen.
Ich freue mich schon auf das nächste Treffen mit ihnen.

To Do:
Notiere dir drei Gründe, heute dankbar zu sein!

MARIONETTE

Ich lebe und ihr sollt auch leben.
Jesus in Johannes 14,19 (LUT)

Wer kennt sie nicht – die Situationen, in denen wir den Eindruck haben,
nicht wirklich zu leben, sondern gelebt zu werden,
    als würden andere die Fäden unseres Lebens in der Hand halten,
        als würden wir nur noch beobachten, was die Umstände mit uns tun.

Alles ist so fremdbestimmt. Und irgendwann kommt man an den Punkt,
an dem man(n) sich selbst nicht mehr einschätzen kann,
               achten kann,
                   motivieren kann.
Das ist schlimm.

Das heißt doch, dass wir die Fäden irgendwann aus der Hand gegeben haben:
Aufgehört, regelmäßig innezuhalten.
    Zugelassen, dass alles wichtiger wurde als unsere Gesundheit.
    Entschieden, nicht mehr zu agieren, sondern zu reagieren.

Der Psychologe Uwe Böschemeyer hat zwei Fragen formuliert, die helfen
können, unser Leben wieder in die Hand zu nehmen:
    „Wovor läufst du weg?" und
    „Wohin will dein Herz?"[3]

To Do:
Beantworte die zwei Fragen!
Wenn möglich, schriftlich.

MARKE

Bei euch soll es anders sein.
Jesus in Matthäus 20,26

Welche Marke hat dein Lieblingsauto?
   Und was sind die Eigenschaften, die diese Marke auszeichnen?

Da hast du's. Es sind Eigenschaften, die so offensichtlich sind, dass sich „deine" Marke von anderen abhebt. Der Unterschied identifiziert die Marke.
               Der Unterschied zu anderen Marken macht's.

               Ein paar Sekunden Pause.

Ich frage mich:
Was unterscheidet eigentlich Menschen, die zur „Marke Christus" gehören, von Menschen anderer „Marken"? Gibt es da überhaupt Unterschiede?

Jesus fordert die Menschen heraus, anders zu sein.
Bewusst anders als andere,
    ohne die berühmte „So-bin-ich-halt"-Entschuldigung,
        mit einer klaren Sicht für das, was andere fördert und wachsen lässt,
        nicht wie andere es von mir erwarten.

Das christliche Leben ist anders, es unterscheidet sich!
Wir unterscheiden uns, indem wir eine andere Sicht aufs Leben haben,
        ein anderes Denken über Trends haben,
          eine andere Haltung gegenüber Feinden haben.
Es geht dabei nicht um ein „Anders-Sein" aus Prinzip.
Es geht darum, das zu leben, was sich verändert hat durch Gott.
Das macht dann den Unterschied.

Ein Christ tut nicht, was er glaubt, tun zu müssen – er tut, was er glaubt.

To Do:
Überlege und notiere dir, wo du
dich unterscheiden willst!

MARMORSTEIN

… und Eisen bricht, aber unsere Liebe nicht.
Drafi Deutscher

Was ist eigentlich Liebe? Was ist der Kern der Liebe?
Auf dem Altar einer Kirche in Deutschlands steht der Satz:
„Das Größte auf Erden ist die Ehrfurcht, denn sie ist der Kern der Liebe."

Miteinander ehrfurchtsvoll umgehen, ist der Kern jeder Beziehung.
Es wird für den Bestand einer Beziehung unumgänglich sein,
dass wir den Respekt voreinander bewahren,
    dass wir auch Respekt vor dem Unergründlichen eines Menschen haben,
        dass wir einander nicht mit unseren Meinungen überfahren,
            dass wir nicht über andere vorschnell urteilen.

Wenn die Ehrfurcht fehlt,
    Respekt missachtet wird,
        Höflichkeit unwichtig wird,
dann fehlt auch die Liebe. Liebe ohne Ehrfurcht ist nicht denkbar.

Die Bibel greift das auf:
„Liebt einander mit aufrichtiger Zuneigung und habt Freude daran, euch gegenseitig Achtung zu erweisen." (Römer 12,10; NLB)

Das ist gar nicht so einfach – aber einen Versuch wert.

To Do:
Überlege: Wer braucht besonders meinen Respekt –
vielleicht weil ihm/ihr niemand Respekt zollt?

MASCHINE

Ich bin nicht, was die Menschen von mir halten,
mich drücken ihre Erwartungen.
Heinrich von Kleist (1777-1811)

„Das muss funktionieren!", sagte der Chef.
    Und meinte damit: „Du musst funktionieren!"

Man(n) geht täglich mit Erwartungen um,
                den Erwartungen der Kollegen,
                    den Erwartungen der Familie,
                        den Erwartungen der Vorgesetzten.
Wer viel leistet, bekommt viel Ehre.
    Wer funktioniert, bekommt Funktionen.
        Wer eine „Maschine" ist, wird „geschmiert".

Keiner darf dich nur auf seine Erwartungen reduzieren.
Keiner darf dich davon abhalten, du selbst zu bleiben.
Du bist mehr als deine Funktion,
            mehr als deine Arbeit,
                mehr als deine Schwächen.

Und vielleicht hilft dir auch dieser Gedanke:
Anders als bei den Menschen
    musst du für Gott nichts leisten,
        es gibt keine Bedingung für seine Liebe.

To Do:
Brich dein Schweigen!
    Sprich mit anderen!
        Und wenn du kannst, sprich mit Gott!

MASKEN

Das Gesicht
verrät den Wicht.
Deutsches Sprichwort

Manchmal haben wir Männer Angst, unser wahres Gesicht zu zeigen.
Wir ärgern uns in uns hinein,
        lachen in uns hinein,
            trauern in uns hinein,
                schämen uns in uns hinein.
Und bleiben allein mit unseren Tränen, unseren Lachen, unseren Gefühlen.
Das kostet Kraft.
      Das macht einsam.

Trotzdem leisten wir uns Masken für viele Situationen des Lebens.
Wie erhoffen uns dadurch Anerkennung,
                  Schutz,
                     Unauffällig-Bleiben.

Doch bedenke:
Man(n) kann nicht sein Gesicht verlieren, nur seine Maske.
Dein Gesicht gehört (zu) dir.
           So wollte dich dein Schöpfer.
                Du bist du.

To Do:
Identifiziere deine Masken!
Zeig nur dein wahres Gesicht!

MASS

Die Maßlosigkeit verwandelt Segen in Fluch.
Chinesisches Sprichwort

Wenn wir ganz ehrlich sind, entdecken wir, dass jeder Mensch in seinem
Leben kleinere oder größere Bereiche der Maßlosigkeit mit sich trägt.
Das sind Bereiche, denen man(n) nicht widerstehen kann oder will.
Bereiche, in denen
das Verlangen stärker ist als der Wille,
 die Faszination größer als die Vernunft,
  die Hoffnung auf Ekstase größer als klare Gedanken,
   der Wille zum Lustgewinn größer als der Wille zum Neinsagen.

Immer wenn uns das Maß im Leben fehlt, wird Böses geboren.
Da wird Heimlichkeit gefördert
 – und zerstört unser Leben und unsere Beziehungen.
Da werden Grenzen überschritten
 – und gefährden unsere Gesundheit, auch die Gesundheit unserer Seele.
Da wird Schuld geboren
 – und trennt uns voneinander und von Gott.

Deshalb brauchen wir die Vergebung,
weil sonst alles kaputt geht:
   unsere Beziehungen,
   unser Glaube,
   unser Innerstes,
   unser Körper.

Niemand will das. Du auch nicht!

To Do:
Identifiziere deine Maßlosigkeiten!
Öffne dich für Veränderung ...
wenn es dir möglich ist, auch für Veränderung durch Gott!

MASSE

Was du allein bist,
das allein bist du.
Charles Haddon Spurgeon (1834-1892)

Unsere Welt ist voller Menschen,
      voller Geräusche,
        voller Aktionen.
Es ist unfassbar, wie wenig wirkliche Ruhe man im Lauf eines Tages für sich
selbst herausschlagen kann. Und wenn wir dann mal die Zeit hätten, kommt
ganz bestimmt etwas dazwischen. Irgendein Anruf,
      eine Dringlichkeit,
        ein lärmendes Auto,
          lärmende Gedanken.

Von den Wüstenvätern, christlichen Einsiedlern des 4. bis 6. Jahrhunderts, ist
ein Dreiklang überliefert, der uns helfen kann, uns aus der Masse herauszu-
winden: „fuge, tace, quiesce – fliehe, schweige, ruhe".

Das heißt:
    Zuerst „fliehen".
    Einen einsamen Ort finden. Hier kommt die Seele zur Ruhe,
        das Beben der Nerven ebbt ab,
          Gelassenheit stellt sich ein.
    Dann „schweigen".
    Nicht mehr in Worten reden, denken, beten.
      Den eigenen Worten nicht mehr vertrauen.

    Dann „ruhen".
    Wir treten ein in eine hörende Stille,
        ein betrachtendes Staunen,
        einen Raum zur Gottes-Begegnung.

To Do:
Suche heute noch Augenblicke des Rückzugs!
Fliehe! Schweige! Werde still!

MASSSTAB

Das Gebot der Liebe hat mehr Kraft als alle anderen.
Giovanni Boccaccio (1313-1375)

Zu allen Zeiten haben sich Menschen den Kopf zerbrochen
über Maßstäbe für alle,
Grundordnungen für alle,
Lebensgesetze für alle.

Zur Zeit Jesu gab es ständige Diskussionen unter den jüdischen Gesetzes-
lehrern: Soll man die ganze Tora (die fünf Bücher Mose) bewahren mit ihren
613 Geboten und Verboten?
Oder soll man nur Kerngebote halten, andere aber als nicht so wichtig hinten
anstellen?

Welcher Maßstab ist der Beste,
welches Gebot das Wichtigste?

Die Bibel berichtet, dass Jesus diese Frage einmal genau so gestellt bekam.
Seine Antwort:
„Das wichtigste Gebot ist dies: Höre Israel!
Der Herr ist unser Gott und sonst keiner.
Darum liebt ihn von ganzem Herzen und mit ganzem Willen,
mit ganzem Verstand und mit aller Kraft.
Das Zweite ist: Liebe deinen Mitmenschen wie dich selbst."
(Markus 12,29-31; GNB)

Klare Ansage.
Die wichtigste Aufgabe,
der beste Maßstab fürs Leben ist:
Gott lieben. Mitmenschen lieben.

To Do:
Überlege: Wer braucht heute meine Liebe besonders?

MATERIAL

Die Erde und alles, was darauf lebt, gehört dem Herrn.
Die Bibel in Psalm 24,1 (NGÜ)

Wenn es stimmt, dass Gott alles gehört –
welche Konsequenzen ergeben sich daraus?
Wenn es stimmt, dass Gott Herr des Materials ist –
stimmt dann mein Leben noch?
Stimmt mein Umgang mit Material, Menschen, Natur?

Alles gehört Gott – weil alles von ihm kommt.
Er hat uns mit dieser Erde wunderbar beschenkt.
Bleiben für uns drei Aufgaben:
Die erste Aufgabe ist (gut zuhören!) Genuss
und im Genuss unseren Dank an ihn zu adressieren.
Die zweite Aufgabe ist Vorsicht,
weil wir zu schnell unser Herz an das Material verlieren und
daran kaputt gehen.
Die dritte Aufgabe ist Loslassen,
weil Gott uns beschenkt hat, öffnen wir unsere Hände für
andere Menschen.

Einig damit?
Dann los!

Nicht einig?
Dann tiefer denken!

To Do:
Öffne deine Hände, damit andere ihr Herz öffnen!

MATHEMATIK

Je näher wir Gott sind, umso großzügiger, schrankenloser, unbedachter, rückhaltloser, kühner werden wir im Geben.
Johannes von Müller (1752-1809).

Ich hab ein leicht gebrochenes Verhältnis zur Mathematik.
Das kommt daher, weil ich mein Abitur in Mathematik gemacht habe.
Trotzdem behaupte ich von mir, dass ich ein einigermaßen logischer Mensch bin, dass ich gut rechnen kann.
Doch wenn ich die Bibel lese, zweifle ich manchmal auch an der Sinnhaftigkeit und am Wirkungsgrad meiner Logik.

Einmal z. B. erzählt Jesus die Geschichte von Weinbergarbeitern. Einige hatten bei Sonnenaufgang begonnen – andere erst kurz vor Ende der Arbeitszeit. Alle waren sehr zufrieden – bis zur Ausgabe der Gehaltsstreifen (so ist das wohl immer). Die Arbeiter, die stundenlang in der Sonne geschwitzt hatten, bekamen genauso viel wie die Arbeiter, die erst wenige Stunden auf dem Buckel hatten ... ungerecht!
Als sich ein Langzeit-Arbeiter beschwerte, bekam er zu hören:
„Bist du neidisch, weil ich großzügig bin?" (Matthäus 20,15; GNB)

Es war zwar unlogisch – aber großzügig!
    Mathematisch mit keiner Formel zu rechtfertigen – aber gnädig!

Manchmal erscheint uns Gottes Großzügigkeit unmathematisch,
                                        unlogisch,
                                            unfair.
Großzügigkeit ist halt so! Gnade kann nicht gerecht verteilt werden.
Da geht es eben nicht um das „Er-Rechnen", sondern um das „Nicht-Rechnen".
Phil Yancey, ein amerikanischer Schriftsteller, nennt das „Die neue Mathematik der Gnade". Heißt: Gott rechnet anders als wir.
ER belohnt nicht (dann würden wir schlecht aussehen) – er schenkt!

Meinst du, das könnte auch ein Modell für unser menschliches Miteinander sein?

To Do:
Überbiete heute mal deinen Gerechtigkeitssinn mit Großzügigkeit!
Beschenke einen Menschen unverdient!

Ihr Männer, liebt eure Frauen und kränkt sie nicht.

Die Bibel in Kolosser 3,19 (HFA)

MATTE

Willst du gesund werden?
Jesus in Johannes 5,6 (NGÜ)

Ein Mann.
Eine Matte.
Ein Badeteich vor der Stadtmauer Jerusalems.
Der Mann war länger krank gewesen, als andere Menschen in der Antike
überhaupt lebten – hatte also fast schon ein Menschenleben verpasst.
Anscheinend waren an dem Badeteich schon kranke Menschen gesund
geworden. So sammelte sich im Lauf der Zeit Elend um Elend,
Krankheit um Krankheit,
Schicksal um Schicksal.
Gemeinsam einsam.
Viele waren da, heißt es.
Ein Zeichen dafür, dass sehr selten einer geheilt wegging.

Dann kommt Jesus in diese Situation.
Er geht auf den Mann zu und beginnt mit einer Frage: „Willst du gesund
werden?"
Ironie? Klar will der Mann gesund werden! Deswegen liegt er ja da.
Was Jesus hier sagt, aktiviert längst begrabene Hoffnungen,
bricht zementierte Enttäuschungen auf,
öffnet neue Horizonte.
Worte können so etwas bewirken.
Worte können ermutigen.
Worte können aufmuntern.
Worte können Bewegung in ausweglose Situationen bringen.

Kurz darauf hört der Mann die Worte: „Nimm deine Matte und geh."
Und er nimmt seine Matte und geht.
Gesund.

To Do:
Denk nach: Wo haben Worte schon einmal dein Leben verändert?
Wer braucht heute deine heilenden Worte?

MAUER

Mit meinem Gott kann ich über Mauern springen.
Die Bibel in Psalm 18,30 (LUT)

Ich weiß noch genau, wie das war. Ich sehe heute noch den Zettel auf meinem Bett. Mir ging's nicht gut damals. Mein Körper war übersät mit schmerzhaften Geschwüren, mein Gesicht war entstellt und mein Selbstwertgefühl dahin.
Ich hatte völlig den Mut verloren. Ich schrie zu Gott. Ich flehte ihn an, mich endlich gesund zu machen. Doch: Ich konnte nicht raus aus meiner Haut. Und dann lag der weiße Zettel mit der schönen Schrift meiner Mutter auf dem Bett
„Lerne Ja sagen zu deinen Grenzen – und rechne mit Gottes Möglichkeiten."

Das war meine Lektion für die kommenden Monate – aber auch irgendwie ein Durchbruch zurück ins Leben.
Es machte Klick im Hirn:

„Ja sagen":
    sich nicht ständig auflehnen,
        frei damit leben lernen,
            die eigene Würde nicht von der Situation abhängig machen.

„Gottes Möglichkeiten":
    über mich hinaussehen,
        über mich hinauswachsen,
            über mich hinaus glauben.

Ob du heute Ähnliches erleben kannst?

To Do:
Rechne mit Möglichkeiten „über dich hinaus"!

MAULFAUL

Höret, so werdet ihr leben.
Die Bibel in Jesaja 55,3 (LUT)

Im Reden sind wir gut.
Und im Hören?
     Im Schweigen?
Gott gab dem Menschen zwei Ohren und nur einen Mund.
   Warum hören wir eigentlich nicht doppelt so viel wie wir reden?
     Warum fällt uns das Schweigen und Hören so schwer?

Schon vor mehr als 150 Jahren(!) hat der dänische Philosoph und Theologe
Søren Kierkegaard das so erlebt:

> *Der heutige Zustand der Welt, das ganze Leben ist krank. Wenn ich ein Arzt wäre*
> *und mich einer fragte: „Was rätst du?"*
> *Ich würde antworten: „Schaffe Schweigen! Gebiete Schweigen."*
> *Der Mensch, dieser gewitzte Kopf, sinnt fast Tag und Nach darüber nach, wie er zu*
> *Verstärkung des Lärms immer neue Mittel erfinden und mit größtmöglicher Hast*
> *das Geräusch und das leere Gerede möglichst überallhin verbreiten kann.*

So war das schon damals.
Nicht anders heute.

Wir müssen lernen zu schweigen, dann hören wir besser und tiefer.
Und wer hören lernt, wird wachsen,
                    weiterkommen,
                  tiefergehen,
                leben!

To Do:
Plane heute eine halbe Stunde Schweigen … und höre!

MEDIATOR

Nur einer ist Gott, und nur einer ist auch der Vermittler zwischen Gott und den Menschen: der Mensch Jesus Christus.
Die Bibel in 1. Timotheus 2,5 (GNB)

Der Begriff „Mediator" kommt aus dem Lateinischen, heißt „Vermittler" und bezeichnete noch im 2. Jahrhundert den „Mittler" zwischen Menschen und Gott: Jesus.

Ein Fürsprecher für die Menschen.
    Ein Vermittler zwischen Gott und den Menschen.

Das ist eines der wichtigsten „Kapitel" des christlichen Glaubens.
Die vielen Versuche Gottes, seine Menschen zu erreichen, waren offensichtlich gescheitert. Das lag nicht an ihm, sondern an den Menschen.
Ein letzter großer Versuch wird gestartet:
    Der große Gott schickt seinen Sohn als „Mediator" zu uns.
    Ob das hinhaut?

Um es abzukürzen: Ja. Es hat geklappt.

Für manche sah die Vermittlung zwar aus wie ein jämmerliches Ende an einem Holzkreuz,
aber für die verkorkste Geschichte der Menschen mit Gott war das der befreiende Anfang.

Jeder Mensch, jederMann hat nun die Möglichkeit, direkt mit Gott in Kontakt zu treten – ohne Priester,
                ohne Opferriten,
                        ohne Gegenleistungen.

Es gäbe noch viel dazu zu sagen.
Es gibt aber auch etwas zu tun:

To Do:
Danke Jesus sehr für seine „Mediation"!
Nütze den direkten Kontakt zu Gott!

MEDITATION

Wie glücklich ist ein Mensch, der Freude findet an den Weisungen des Herrn, der Tag und Nacht in seinem Gesetz liest und darüber nachdenkt.

Die Bibel in Psalm 1,2 (GNB)

Der Begriff Meditation kommt aus dem Lateinischen (meditatio) und meint „nachsinnen, überlegen". Es gibt die unterschiedlichsten Aus- und Verformungen von Meditation.

Eine im kirchlichen „Dunstkreis" wenig beachtete Form der Meditation hat ihren Ursprung im Judentum
      und wurde in der christlich-klösterlichen Tradition fortgeführt:

Das murmelnde Vor-Sich-Hinsprechen von Psalmen und Gebeten,
      ein leises Wiederholen von Sätzen aus den heiligen Schriften,
            ein murmelndes Lesen und „In-Sich-Hineinsagen"
            von Texten und Gebeten.

Die Folge:
      Man(n) beschäftigt sich damit,
          denkt darüber nach (meditatio),
              lässt die Sätze in seine Gedanken gehen.
Das Ziel:
      Die Worte und Sätze sollen unsere Gedanken ausfüllen,
          unsere Gefühle und Taten beeinflussen.
              uns beständig prägen,
                in uns Wohnung nehmen.
Darum geht es.

Die Bibel meint dazu:
„Gebt den Worten von Christus viel Raum in euren Herzen." (Kolosser 3,16; NLB)

To Do:
Probier's mal aus:
Nimm eine dir bekannte Textpassage der Bibel (z. B. die Bergpredigt)
    und murmle sie leise vor dich hin!
Nimm dir einen Satz aus der Textpassage
    und nimm ihn murmelnd mit in deinen Alltag!

MEDIEN

Welchen Frieden hat man im Herzen, wenn man von anderen
schweigen kann; nicht alles ohne Unterschied glaubt; nicht
alles Gehörte leicht wieder nacherzählt; sich selbst wenigen
Menschen mitteilt.
Thomas von Kempen (1380-1471)

Der berühmte Edgar Allen Poe war ein begnadeter Schriftsteller. Als Journalist
aber war er nicht so gut. Er schrieb im Jahr 1844 einen Bericht über die erste
Atlantiküberquerung in einem Heißluftballon. Kurz nach Erscheinen musste
seine Zeitung öffentlich gestehen, dass Poe sich das alles nur ausgedacht hatte.
Wie hätten die Leser damals auch den Wahrheitsgehalt der Nachricht prüfen
sollen?

So ist das immer mit Nachrichten. Journalisten sammeln Informationen, die
ihre Leser nicht haben können, sichten sie und machen sie lesbar bzw. sichtbar.
In der Regel kann kein Mediennutzer prüfen, ob die Informationen wahr und
die Kommentare gerechtfertigt sind.
Man sagt: Medien konstruieren Wirklichkeiten.

Und jetzt die Kurve …

Wie machen wir das mit unseren „Nachrichten" für andere Menschen?
Manchmal neigen wir doch auch zu Übertreibungen,
        geben ohne Überprüfung Neuigkeiten weiter,
            deuten bestimmte Fakten über Menschen an.
Das zerstört.

Wir sollten das lassen!

To Do:
Gib heute keine Neuigkeit ungeprüft an andere weiter!

MEDIZIN

Geduld ist die beste Medizin für jede Schwierigkeit.
Unbekannt

Das hört sich richtig an – aber ganz schön schwer!
Keiner von uns schüttelt Geduld mal einfach so aus dem Ärmel.
 Keiner von uns kann von sich sagen, dass er Warten schön fände.

Wir wissen alle, was Geduld-Haben bedeutet:
Ein geduldiger Mensch hat Warten gelernt.
 Er kann damit leben, dass sich seine Wünsche nicht sofort erfüllen.
  Er dreht nicht gleich durch, wenn nicht jeder so schnell handelt wie er.

Wie viel Heilung könnte geschehen,
 wie viel Gutes passieren,
  wie viel Licht leuchten,
   wie viel Glaubwürdigkeit wachsen
– wenn wir Geduld pflegen und hegen würden,
 wenn unsere Taten und Worte dadurch geprägt wären,
  wenn wir unsere Gefühle und Stimmungen abbremsen könnten.

Geduld gehört zum Leben – meint Dietrich Bonhoeffer:
 „Jedes Werden in der Natur,
  im Menschen,
   in der Liebe muss warten,
    geduldig sein,
     bis seine Zeit zum Blühen kommt."

To Do:

Welche Situation strapaziert momentan am stärksten deine Geduld?
Bitte Gott um Geduld! Entscheide dich, hierin zu wachsen!

MEER

Du wirst mit uns Erbarmen haben
und alle unsere Schuld wegschaffen;
du wirst sie in das Meer werfen,
dort, wo es am tiefsten ist.

Die Bibel in Micha 7,19 (GNB)

Wir sind keine perfekten Menschen, keiner von uns. Wir sind „unvoll-
kommene Menschen", wie uns Romano Guardini, der katholische
Religionsphilosoph und Theologe, nennt. Unser Leben lang sind wir mit
Fehlern und Schuld behaftet.

Ist es nicht so, dass jeder Mensch in seinem Leben kleine oder größere
Bereiche der Schuld mit sich trägt?
Das Erkennungsmerkmal der Schuld ist, dass sie schadet, zerstört, isoliert –

> unsere Seele,
> unseren Glauben,
> unsere Beziehungen.

Deshalb muss sie weggeschafft werden!
Und es gibt keinen anderen und keinen besseren Weg als die Vergebung,
keine andere Lösung für das Dilemma der Schuld als die Vergebung.

Laut Bibel bekommt man(n) Vergebung so:
„Wenn wir unsere Sünden bekennen, erweist Gott sich als treu und gerecht:
Er vergibt uns unsere Sünden und reinigt uns von allem Unrecht."
(1. Johannes 1,9; NGÜ)

So geht Vergebung!

To Do:

Bitte Gott um Vergebung – jeden Tag!
Und, wenn nötig, auch Menschen!

MEGAFON

Der Schmerz besteht darauf, beachtet zu werden.
Gott flüstert in unseren Freuden,
   er spricht in unserem Gewissen;
      in unseren Schmerzen aber ruft er laut.
         Sie sind sein Megafon, eine taube Welt aufzuwecken.

C.S. Lewis[4]

Schmerz als „Megafon Gottes" ...
   Schmerz als lautes Reden Gottes in die laute Welt ...
    Schmerz als Wachmacher für eine Welt ohne Ohren für ihn ...
... so habe ich Schmerz noch nie gesehen.

Eine steile Aussage von C.S. Lewis.
Wie kann er nur so etwas behaupten!
C.S. Lewis darf das.
Aus folgendem Grund:

Joy Davidman, eine amerikanische Schriftstellerin, wurde Ende der 1940er Jahre Christin, weil sie Bücher und Aufsätze von C.S. Lewis gelesen hatte. Später zog sie mit ihren Kindern nach England und begegnete dem Schriftsteller. Schnell entwickelte sich eine tiefe Freundschaft zwischen den beiden. Ihre Beziehung intensivierte sich, als Joy an Krebs erkrankte. Sie ließen sich 1957 an Joys Krankenbett kirchlich trauen. Ganz unerwartet wurde Joy für einige Jahre wieder gesund, starb dann aber doch 1960 im Alter von 45 Jahren.

Schmerz pur für C.S. Lewis. Und was tat er?
Er stellte sich seinen Schmerzen,
     öffnete seine Ohren weit,
        schrieb das Buch „Über die Trauer" und
           gab uns so tiefe Einblicke in sein Herz und seine Schmerzen.

Ich bin mir noch nicht ganz sicher, ob Schmerzen und leidvolle Situationen immer als „Megafon Gottes" bezeichnet werden können.
Sicher bin ich aber, dass Gott in allen Lagen und für alle Situationen etwas Bedeutungsvolles zu sagen hat.

To Do:
Ohren auf!

MEHR

Fürchte dich weniger, hoffe mehr,
iss weniger, kaue mehr,
jammere weniger, atme mehr,
rede weniger, liebe mehr,
und alle guten Dinge werden dein sein.
Aus Schweden

Ich mach da einfach mal weiter:

Weniger urteilen – mehr erbarmen.
   Weniger belehren – mehr informieren.
      Weniger reden – mehr hören.
         Weniger kritisieren – mehr ermutigen.
            Weniger Kampf – mehr Kommunikation
               Weniger Klugscheißer – mehr Vorbild.
                  Weniger Schnelligkeit – mehr Genuss.
                     Weniger Optimismus – mehr Hoffnung.
Weniger festlegen – mehr beobachten.
   Weniger werten – mehr wertschätzen.
      Weniger Neugierde – mehr Interesse.
         Weniger wünschen – mehr anpacken.
            Weniger beeinflussen – mehr stehenlassen.
               Weniger Magen – mehr Herz.
                  Weniger Äußerlichkeiten – mehr Innenleben.
                     Weniger Selbstzweifel – mehr Gottvertrauen.
Mehr Leben!

To Do:
Such dir für heute einen dieser Gegensätze aus –
und lebe das MEHR!

Alt macht nicht
das Grau der Haare,
alt macht nicht
die Zahl der Jahre,
alt ist, wer den
Humor verliert
und sich für nichts
mehr interessiert.

Gotthold Ephraim Lessing (1729-1781)

MEHRHEIT

**Immer wenn man die Meinung der Mehrheit teilt,
ist es Zeit, sich zu besinnen.**
Mark Twain (1835-1910)

Es war einmal ein Mann,
    der immer seine eigene Meinung sagte,
        der sich nicht instrumentalisieren ließ,
           der nicht nur in der Masse stark war,
                der gegen Unrecht von Regierenden kämpfte,
                der gegen die Führer der Religion redete,
                    der die Mehrheit nie als Maßstab nahm.
Was für ein Mann!
    So frei war Jesus Christus.
Bewundernswert.
    So frei wäre ich auch gerne.

Viel zu oft sind wir abhängig vom Denken der Mehrheit,
            den Erwartungen der Gesellschaft,
            den Impulsen der Masse,
            dem Lob der Menge.

Ein Tipp aus der Bibel:
*„Handelt als freie Menschen. … Denkt daran, dass ihr nur frei seid, weil Gott euer Herr
geworden ist."* (1. Petrus 2,16; GNB)

Ein interessanter Gedanke:
Frei werde ich nur, wenn ich mich abhängig mache vom unabhängigen Gott.

To Do:
Halte dich heute frei vom Denken der Mehrheit!
Frage dich: Wo bin ich noch abhängig?

MEILENSTEINE

Glücklich ist der Mensch, der die glücklichen Momente seines
Lebens dann erkennt, wenn sie sich ereignen.
Unbekannt

Kennst du sie auch?
Momente im Leben, in denen du ganz genau merkst:
Das war ein Meilenstein,
das wird mein Leben verändern,
ich habe gelernt und bin gewachsen.

Ich kenne das:
Ich war joggen. Genussvoll lief ich durch den Wald zwischen zwei Schwarz-
walddörfern. Nach einer Weile erreichte ich eine Lichtung, schaute mich
kurz um – und blieb sofort wie angewurzelt stehen. Nicht weit von mir
entfernt standen einige Rehe und lauschten mit erhobenen Köpfen über
die Lichtung. Sie hatten mich nicht bemerkt! Es war verblüffend: Die Rehe
kamen immer näher. Noch verblüffender war: Plötzlich trat aus dem Wald
noch ein Fuchs und kam näher, ohne mich zu bemerken.
Ich musste grinsen, weil es so ungewöhnlich und schön war,
und weil es, so wusste ich, ein Meilenstein, ein Gottesgeschenk war.

Schlagartig war mir klar:
Das wirklich Wichtige des Lebens nähert sich mir
– nicht ich ihm.
Das Wesentliche im Leben kommt von außen auf uns zu
– nicht aus uns selbst hervor.

Wir sind Beschenkte – ein Leben lang. Beschenkt mit dem Leben,
mit der Schöpfung,
mit unseren Talenten,
mit dem Glauben,

Mann, geht's uns gut!

To Do:
Überlege: Was waren die Meilensteine meines Lebens?
Was hat sich dadurch verändert?

MEINS

**Manche bringen sich durch eigene Torheit in Schwierigkeiten,
aber die Schuld schieben sie dem Herrn zu.**
Die Bibel in Sprüche 19,3 (GNB)

Frage: Ist dein Leben noch deins – oder sind andere dafür verantwortlich?
Besonders wir Männer sind anfällig dafür, die Verantwortung für die
schlechten Seiten und Zeiten unseres Lebens an andere zu delegieren,
manchmal sogar an Gott.
Wir rutschen dann in eine verheerende Falle, die „Opferfalle".
Heißt: Andere sind für unseren jetzigen Zustand verantwortlich.
      Andere sind die Täter, wir dagegen nur Opfer.
        Andere sind schuld – Gott und die Welt.
Wir selbst haben also nichts damit zu tun,
      können nichts dagegen tun,
         haben keinen Gestaltungsspielraum mehr.
Die Folge:
Wir werden unsympathisch,
      unerträglich,
         einsam, denn dieses Spiel macht niemand gerne mit.
Weitere Folge: Wir bemitleiden uns selbst, weil es ja sonst niemand tut.

Vielleicht hilft dir der Gedanke:
Dein Leben ist deins! Du bist zuständig.
   Dein Leben ist dir gegeben! Ein Geschenk des Himmels, von Gott.
     Pack es aus, nimm es in deine Hand und entdecke seine Schönheit.
Dann: „Führe" dein Leben.
   Sei „mannhaft" und steh zu deinen Erfolgen und Misserfolgen.
     Lass schwierige Erfahrungen nicht dein ganzes Leben bestimmen,
Du bist zu schade, um als Opfer und Schuldverschieber einsam zu werden.

Ein deutsches Sprichwort fasst zusammen:
Die Selbsterkenntnis beginnt genau an dem Punkt, an dem wir für einen
Misserfolg nicht andere, sondern uns selbst verantwortlich machen.

To Do:
Beantworte folgende Fragen:
In welchen Situationen fühle ich mich momentan machtlos?
Wie kann ich mein Leben wieder „führen"?

MEINUNG

Denkende Menschen ändern ihre Meinung.
Unbekannt

Wir sind so schrecklich festgelegt.
Manche von uns schon in jungen Jahren,
                                        viel zu früh.
Unsere Meinung über das Leben,
    unsere Meinung über bestimmte Menschen,
        unsere Meinung über Gott und die Welt
            – sie darf sich ändern, sie muss es sogar!

Der Grund:
Wir ändern uns.
Hoffentlich!
Wir erleben Veränderung in unterschiedlichen Lebensphasen,
                Veränderungen durch unser Umfeld,
                    Veränderungen durch Lebenserfahrung,
                        Veränderungen durch Lernerfolge,
                            Veränderungen durch enge Beziehungen,
                                Veränderungen durch Gotteserkenntnis.
Warum also sollten unsere Meinungen sich nicht ändern?

Wir wachsen,
    werden reifer.
Warum also sollten unsere Meinungen nicht mitwachsen, mitreifen?

Nur Mut! Ändere auch mal deine Meinung!

To Do:
Notiere dir: In welchen Fragen bin ich zu eingefahren?
Wo dagegen sollte ich meine Meinung festhalten?

MEINUNGSVERSCHIEDENHEIT

Wahre dir in allen Dingen die Freiheit des Geistes.
Schiele in nichts auf Menschenrücksicht,
sondern halte deinen Geist innerlich so frei,
dass du auch stets das Gegenteil tun könntest.
Ignatius von Loyola (1491-1556)

Frei sein von der Kritik und dem Lob anderer Menschen – das wär's doch!
Wie glücklich wäre das Leben!
In allen Meinungsverschiedenheiten unserer Beziehungen hätten wir dann
eine gelassene Basis für sachliche Auseinandersetzung.

Gelassenheit ist die Eigenschaft, die wir so dringend benötigen.
Uns bringt so viel
                    so schnell aus der Fassung.
                            Das verbaut oft die Wege zu würdevollen Lösungen.

Doch: Wie gewinnt man(n) Gelassenheit in den Stürmen des Lebens,
                    Freiheit in den Auseinandersetzungen des Alltags?

Christen aller Jahrhunderte sprechen laut von ihrer Erfahrung,
    dass eine solche Gelassenheit und Freiheit vor den Menschen
        durch eine Verbindung mit Gott und Bindung an Gott möglich wird.
Was für eine Chance!

Der erste Schritt in diese Ver-Bindung ist das stammelnde, erwartungsvolle
Beten zu Gott.
Man(n) sollte es testen!

To Do:
Notiere dir Situationen der kommenden Tage,
in denen du Gelassenheit brauchen wirst!
Dann bete dafür!

MEISTER

Es lautet aller Meister Lehr:
Man gewinnt durch Güte mehr.
Deutsches Sprichwort

Benedikt von Nursia schrieb im Jahr 529 für die Männer, die in seiner
Klostergemeinschaft die Verantwortung trugen, folgende Hinweise für
den Umgang mit den „Brüdern":
> *„Das Erbarmen übertreffe immer das Richten,*
> *damit auch er Gleiches erfahre.*
> *Muss er zurechtweisen, so gehe er klug vor*
> *und tue nicht zu viel des Guten,*
> > *damit das Gefäß nicht zerbricht,*
> > > *wenn er den Rost allzu eifrig auskratzen will.*
> *Stets misstraue er seiner eigenen Schwachheit und erinnere sich:*
> *Ein geknicktes Rohr darf man nicht brechen!"*
> *(aus dem Kapitel 64 der Benediktusregel)*

Wer Verantwortung für Menschen trägt,
wer ein „Meister" für andere ist, muss lernen,
nicht zu „knechten", sondern aufzubauen,
nicht zu „zerbrechen", sondern aufzurichten,
nicht zu „verurteilen", sondern sich zu erbarmen.

Wer so handelt, ist ein guter Meister.
Geduld gewinnt,
Erbarmen baut auf,
Liebe lässt die Furcht verschwinden.

Und das im Bewusstsein der eigenen Schwachheit.
Jeder „Meister" braucht – wie alle Menschen – Geduld,
Erbarmen,
Güte.

Warum also sollten unsere „Nächsten" das nicht auch von uns bekommen?

To Do:
Für wen trägst du Verantwortung? Lass sie heute deine Güte spüren!

MELODIE

Im richtigen Ton kann man alles sagen. Im falschen Ton nichts.
Das einzig Heikle daran ist, den richtigen Ton zu finden.
George Bernhard Shaw (1856-1950)

Wir sind Spezialisten für Töne:
Gerne geben wir den Ton an,
    spielen die erste Geige,
        bringen anderen die Flötentöne bei,
            wissen, wo die Musik spielt.

Doch schnell vergessen wir, dass der Ton die Musik macht – in allen Lebens-
bereichen. Die tiefsten Verletzungen und die heilsamsten Momente werden
durch Worte verursacht.

Viel zu schnell etablieren wir

    ein System der verletzenden Worte
        anstelle eines Systems der liebevollen Worte,
    ein System der emotionalen Wutausbrüche,
        anstelle eines Systems der mitfühlenden Liebesausbrüche,
    ein System des lauten Streits,
        anstelle eines Systems der sachlichen Diskussionen.

Und das Schlimmste: Wir finden das sogar noch gut und sind stolz auf unser
Standvermögen und unsere Echtheit! Traurig.

Die Erfahrung sagt uns:
    Der falsche Ton macht kaputt.

Die Weisheit der Bibel sagt uns:
    „Wer unüberlegt redet, der verletzt andere,
    die Worte der Weisen aber sind wie Balsam." (Sprüche 12,28; NLB)

Und? Was sagst du?

To Do:
Durchbrich heute deine falschen Systeme!
Achte auf deine Worte!

MEMO

Dankbarkeit ist das Gedächtnis des Herzens.
Jean-Baptiste Massillon (1663-1742)

„Das hab ich total vergessen!"
Schon mal gesagt? Schon mal dafür entschuldigen müssen? Ich schon!

Die Weisheitsliteratur der Bibel kennt eine Vergesslichkeit,
die anders ist,
    die noch schädlicher ist,
        die außerdem Gleichgültigkeit und Missmut fördert:

„Vergiss nicht, was Gott dir Gutes getan hat." (Psalm 103,2; NGÜ)

Das heißt:
Das Gute deines Lebens – und davon gibt es wahrlich viel, wenn du zu sehen
verstehst – sollst du nicht vergessen,
        soll dein Leben prägen,
          deine Stimmungen,
            deine Beziehungen,
              deinen Glauben.

Vergessliche Menschen sind gleichgültige Menschen,
die alles für selbstverständlich nehmen,
    denen die Freude der Dankbarkeit verloren geht,
      die durch ihren Missmut Beziehungen aufs Spiel setzen,
        die ihre Tage ohne einen Gottesbezug dahinleben.

Dankbare Menschen dagegen sind angenehme Menschen.
Sie haben Glück im Blick,
    tragen Zufriedenheit in der Seele,
      sehen mehr als die Gegenwart,
        leben nicht aus Selbsterreichtem,
          verstehen sich als unverdient Beschenkte,
formulieren bewusst: „Gott sei Dank"!

To Do:
Schreibe zehn Erlebnisse auf, die dich in den vergangenen
Tagen, Wochen, Monaten oder Jahren bereichert haben!

MENGE

Seid zufrieden mit dem, was ihr habt.
Die Bibel in Hebräer 13,5 (GNB)

Ich liebe Neues.
    Und ich liebe es, viel davon zu haben.
Aber schon nach Kurzem überkommt mich die Langeweile – und ich sehne
mich wieder nach dem nächsten Schnäppchen.

Ich erschrecke bei dem Gedanken, der Einzige zu sein, der so ist …

Wie souverän wäre es doch,
nur mit den Dingen umzugehen, die gerade anwesend sind,
    sich von Überflüssigem zu verabschieden und zufrieden zu sein.
Ich fürchte, ich sollte anders denken lernen.

Nicht die Menge bringt Zufriedenheit, sondern die Fähigkeit, mit viel oder
auch mit wenig auszukommen. Das, was gerade „anwesend" ist, zu genießen
– und scheinbar Fehlendes nicht zu fordern.

Was hab ich da kürzlich gelesen?
*„Ich habe gelernt, mit dem zufrieden zu sein, was ich habe. Alles ist mir möglich durch
Christus, der mir die Kraft gibt, die ich brauche." (Philipper 4,11+13; GNB)*
So souverän wäre ich gern!

To Do:
Lerne es, deine Stimmung nicht von Überflüssigem oder
Fehlendem abhängig zu machen! Und wenn du willst:
Bete zu Jesus um die Kraft, tief zufrieden zu sein!

MENSCH

Mach's wie Gott: werde Mensch.
Unbekannt

Darf ich vorstellen?
Gott.

Er geht spazieren in der Kühle des Tages (1. Mose 3,8). Er redet mit den Menschen (1. Mose 12,1). Er hört auf sie und diskutiert sogar mit ihnen (1. Mose 18,17ff). Er zeigt sich in der Bibel immer auch „menschlich". Das liegt nicht daran, dass er wäre wie wir
    ... falsch: wir sind wie er.
Er hat uns geschaffen als seine „Ebenbilder/Abbilder" (1. Mose 2,27).

Und dann der Höhepunkt:
    er wird selbst Mensch,
        wird geboren,
            wächst heran,
                lernt ein Handwerk,
                    feiert gerne,
                        hilft vielen Menschen
                            ... und rettet die Welt.

Was für ein Gott! Was für ein **VORBILD**!
Und du bist sein **EBENBILD**!

Mach's wie er – werde Mensch.

To Do:
Lebe heute „menschlich" – und hilf anderen Menschen.

Wer den Freund aufrichtig empfängt, Verwandte mit Achtung, Frauen mit Höflichkeit, Arme mit Gaben und Gunst, Stolze mit Demut, irrende Menschen mit sanfter Belehrung, Weise nach ihrem Gemüt, der ist ein freundlicher Mann.

Johann Gottfried von Herder (1744-1803)

MENTOR

**Lass dich gut beraten, bevor du beginnst –
dann aber handle sofort.**
Sallust (86-36 v.Chr.)

Odysseus war König von Itaka. Er plante, an der Seite von Agamemnon in
den trojanischen Krieg zu ziehen. Ein Problem hatte er: Sein Sohn Telemach
sollte einmal sein Nachfolger werden. Also bat er den Sohn eines alten
Freundes, Telemach zu begleiten, zu fördern, zu erziehen, zu beraten.
Dieser Mann hieß Mentor.

Es ist nicht gut, allein durchs Leben zu gehen.
    Es ist nicht ungefährlich, alles selbst zu entscheiden.
        Es ist nicht empfehlenswert, alles selbst durchzuboxen.

Wir brauchen in bestimmten Phasen unseres Lebens
Begleiter, Förderer, Berater.
Und warum?
Weil wir unsere Lebensmuster nicht immer selbst durchbrechen können,
    weil unser Blick manchmal beängstigend verzerrt ist,
        weil wir uns die entscheidenden Worte nie selbst sagen können,
            weil wir unsere Ratlosigkeit nicht immer selbst überwinden können,
        weil wir uns selbst nicht ermutigen können.

Es ist ein Kennzeichen kluger Menschen, sich beraten zu lassen. Das wusste
schon der italienische Staatsmann Niccoló Machiavelli (1469-1527):
„Der Fürst, der nicht weise ist, kann auch niemals weise beraten werden."

To Do:
Sei so klug, dir guten Rat zu holen!

MERKMAL

Das ist das Merkmal des großen und guten Menschen,
dass er immer zuerst auf das Ganze und auf andere sieht,
auf sich zuletzt.
Adalbert Stifter (1805-1868)

Wir fixieren uns gern.
Kaum taucht ein Problem auf, bekommen wir den Blick nicht mehr frei,
                        sehen wir nur noch das Eine,
                            verkrümmen wir uns darin.
Ein dunkler Fleck bindet unsere Sicht,
        macht das „große Bild" unsichtbar.

Ein Merkmal „großer Menschen" ist der Blick fürs „große Bild"
(engl. „big picture").
Sie lassen sich nicht vorschnell durch teilweise Ein-Sichten blenden,
                  verweigern einen engen Gesichtskreis,
                     treten einen Schritt zurück fürs Ganze.
Was sie auch noch können: Wegsehen von sich selbst,
             freien Blick haben für andere,
                sich selbst nicht so wichtig nehmen.

Da fällt mir ein.
Etwas Ähnliches hat auch Jesus einmal zu ein paar „Selbst-Fixierten" gesagt:
„Wer unter euch groß werden will, soll den anderen dienen." (Matthäus 20,26; NGÜ)
Tritt einen Schritt zurück von dir – auf andere Menschen zu.

Merk dir mal dieses Merkmal.

To Do:
Halte kurz inne ... und schau dir das „große Bild" an!
Tritt zurück ... und lass anderen den Vorrang in deinem Leben!

MESSER

Wer zürnt, dem reiche kein Messer.
Deutsches Sprichwort

Ist Zorn eigentlich immer schlecht?
    Oder gibt es auch eine gute Seite des Zorns?

Der Jesuit J. Francis Stroud behauptet:
„Alle Gefühle sind gesund, können aber giftig werden."[5]
Er meint damit auch den Zorn.

Die gesunde Seite des Zorns ist seine Energie.
JederMann verwendet diese Energie z. B. dafür,
     dass Unrecht korrigiert wird,
       Ungerechtigkeit bekämpft wird,
        Wunden geheilt werden.
Zorn ist also nicht grundsätzlich schlecht
... aber immer dann, wenn er zerstört,
     kaputt macht,
      schädlich ist.

Einer der besten Tipps zum Umgang mit Zorn kommt aus der biblischen
Weisheitsliteratur:
„Wenn ihr zornig seid,
 dann versündigt euch dabei nicht!
  Denkt nachts auf eurem Lager nochmals nach
   und schweigt!" (Psalm 4,5; NGÜ)

 Also: Achte darauf, dass der Zorn dich nicht bestimmt und beherrscht
... dann nämlich enthüllt er seine zerstörerische Kraft.

Du willst nicht wirklich etwas zerstören, oder?!

To Do:
Denke über deinen Zorn nach ...
und zügle ihn, wenn er die Gefahr
der Schädigung in sich birgt!

MESSIAS

**Nicht wer viele Ideen, sondern wer eine Überzeugung hat,
der kann ein großer Mann werden.**
Joszef Freiherr von Eötvös (1813-1871), ungarischer Politiker und Schriftsteller

Stefan Zweig erzählt im vierten Kapitel seines Bestsellers „Sternstunden der
Menschheit" von Georg Friedrich Händel, dem musikalischen Genie, wie er
1737 körperlich ausgelaugt und emotional dünnhäutig in seiner Wohnung
zusammenbrach. Als der Arzt eintraf, hörte er Händel röcheln:
„Keine Kraft ... ich will nicht leben ohne Kraft."
Vier Monate lang kam er nicht auf die Beine. Ein Horror für ihn.
Als er langsam wieder gesund wurde, besuchte Händel, der nie besonders
religiös gelebt hatte, eine Kirche. Dort setzte er sich an die Orgel und spielte,
was sein Herz hergab ... spielte sich gesund.
Wenig später vertonte er innerhalb von drei Wochen die Texte des Dichters
Jennens zum legendären Oratorium „Der Messias". Die Texte hatten ihn tief
ins Herz getroffen und waren dort zu Musik geworden.

Bei einer der Proben, so habe ich gehört, soll eine Sopranistin mit „dünner"
Stimme den Text gesungen haben: „Ich weiß, dass mein Erlöser lebt, und
dass er erscheint am letzten Tage dieser Erd."
Händel brach ärgerlich die Probe ab: „Weiß sie das wirklich?"
Schüchtern flüsterte sie: „Ja."
Darauf Händel: „Dann singe sie auch so!"

Tiefe Überzeugung kann man hören,
   innere Beteiligung hat eine Stimme.
      lebendiger Glaube spricht sich aus.

Lass hören, was in dir lebt!

To Do:
Gib heute deinen Überzeugungen Worte ...
angemessen und liebevoll!

METAMORPHOSE

Die einzige Konstante im Universum ist die Veränderung.
Heraklit von Ephesus (etwa 540-480 v. Chr.)

Die Schöpfung spricht Bände über Veränderung.
Pflanzen wachsen – ohne Mühe.
    Bäume bringen Frucht – ohne Anstrengung.
        Aus Raupen werden Schmetterlinge – ganz absichtslos.
Veränderungen in der Natur laufen organisch ab. Wachstum geschieht.

Der Zeitfaktor ist entscheidend.
Wer „Veränderungszeit" verkürzen will, macht kaputt.
    Wer eine kleine Pflanze länger zieht, damit sie schneller wächst, zerstört sie.
Es liegt in der „Natur der Dinge", dass Wachstum nicht erzwungen
werden kann.

Aber: Wir können Veränderung verweigern – oder sie zulassen.

Also ist unsere Aufgabe: Für Veränderung offen zu sein,
        uns nicht dagegen zu sperren,
           den Wind der Veränderung zu nutzen.

Genau so beschreibt das ein Sprichwort aus China: „Wenn der Wind der Veränderung weht, bauen die einen Mauern und die anderen Windmühlen."

Was baust du?

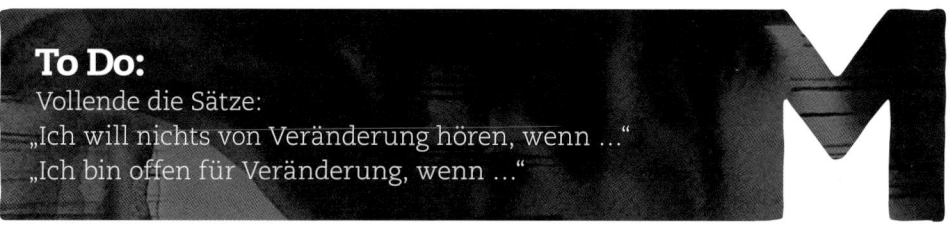

To Do:
Vollende die Sätze:
„Ich will nichts von Veränderung hören, wenn ..."
„Ich bin offen für Veränderung, wenn ..."

METHODE

Nur die Ruhe ist die Quelle jeder großen Kraft.
Fjodor Michailowitsch Dostojewskij (1821-1881)

In der Masse der wichtigen Aufgaben, unausweichlichen Termine, vielfältigen Erwartungen, zielgerichteten Planungen, guten Absichten ...
welche Methode hilft, die Gelassenheit nicht zu verlieren,
Kraftlosigkeit und Leere zu vermeiden?

Der mittelalterliche Abt Bernhard von Clairvaux beschrieb vor mehr als 900 Jahren eine nachdenkenswerte Möglichkeit:

Wenn du vernünftig bist,
erweise dich als Schale,
nicht als Kanal, der fast gleichzeitig empfängt und weitergibt,
während jene wartet, bis sie gefüllt ist.
Auf diese Weise gibt sie das, was bei ihr überfließt, ohne eigenen Schaden weiter.
Lerne auch du, nur aus der Fülle auszugießen,
und habe nicht den Wunsch, freigiebiger als Gott zu sein.

Die Schale ahmt die Quelle nach.
Erst, wenn sie mit Wasser gesättigt ist, strömt sie zum Fluss.

Du tue das Gleiche!
Zuerst anfüllen und dann ausgießen!

Fragt sich nur, wo deine Quelle ist,
wie du dich füllst ... und womit.

Ob Ruhe dir helfen könnte?
Oder Bewegung?
Oder Besinnung?
Oder dein Glaube?

To Do:
Frag dich, was dich beständig füllen könnte!
Und was dich hindert, dich zu „öffnen"!

METHUSALEM

**Wie alt muss ich eigentlich werden,
bis ich weiß, was im Leben wirklich wichtig ist?**
Gustavo Victoria

Methusalem war alt, sehr alt. Die Bibel schreibt, dass er erst im Alter von
969 Jahren gestorben sei.
Jeder stirbt (sogar Methusalem).
Auf jeden Fall.
Todsicher.
Was folgt für uns daraus?

Eine Idee: Nachdem sie einen lieben Menschen verloren hatte, gab die Künstle-
rin Candy Chang den Startschuss für eine der kreativsten und inhaltsreichsten
Kunstprojekte der Welt. Sie gestaltete die Wand eines alten Hauses mit Tafel-
farbe und dem Beginn eines Satzes „Bevor ich sterbe, möchte ich …". Innerhalb
eines Tages vollendeten viele Passanten diesen Satz auf der Tafelwand.
Zum Beispiel so: Bevor ich sterbe, möchte ich …
… etwas bewegen,
  … Vater werden,
    … meine Frau zurück,
      … gesund werden,
        … meiner Mutter verzeihen,
          … verstehen, warum ich hier bin,
            … berühmt werden,
              … sie noch einmal im Arm halten,
                … die Welt retten.

Das zog Kreise. Inzwischen gibt es diese Tafeln weltweit in mehr als 70 Ländern der Erde … immer mit überwältigender Beteiligung der Passanten.

Was würdest du schreiben?
  Was gehört für dich zu einem erfüllten Leben?
    Wo willst du noch hin?
      Was soll aus dir noch werden?

To Do:
Notiere dir deine Antworten auf die letzten drei Fragen! Wenn du
möchtest und kannst, sprich mit Freunden und mit Gott darüber!

MIDLIFE-CRISIS

Die Midlife-Crisis ist die zweite Pubertät.
Unbekannt

Manche von euch sind schon drin,
        andere noch verschont,
           einige bereits darüber hinweg.

Für alle Krisen des Lebens gilt das Gleiche:
Du kannst fliehen,
    die Krise nach außen verlagern,
        die Ursache bei Strukturen suchen,
           dich über alles ärgern und unzufrieden sein,
               ständig Neues ausprobieren und dadurch deinen Weg suchen.
Du kannst auch stehen bleiben,
    an allem Bisherigen festhalten,
        kleinlich alle Veränderung ablehnen,
           gnadenlos alle Andersdenkenden und -glaubenden kritisieren.

Du kannst dich aber auch der Herausforderung stellen,
    dich selbst und deine Motive in einem anderen Licht erkennen,
        dich selbst kritisch hinterfragen und andere nicht verurteilen,
           dich selbst „lassen" und dadurch ge-lassen werden.
Und dadurch: Wachsen und reifen.
        Tiefer denken und glauben lernen.
          Gelassen und erfüllt werden.

Ich empfehle dir die letzten sieben Zeilen – aus eigener Erfahrung.

To Do:
Frage dich und notiere dir,
wie du die zweite Hälfte sinnvoll leben kannst!
Versöhne dich mit deiner Zukunft!
Mach deinen Frieden mit Gott!

M**IEF**

Wenn's „mieft", muss man lüften.
Frische reinlassen. Fenster aufmachen.

Da fällt mir Frank Laubach ein.
Ein bewundernswerter Mann, der vor allem durch seine weltweit ein-
gesetzten Alphabetisierungsprogramme bekannt wurde.
Mich beeindruckte an ihm vor allem, dass er nicht müde wurde, von
„offenen Fenstern" zu reden. Allerdings meinte er damit etwas ganz Anderes.

Und zwar: Weit offen zu sein für die Menschen und ihre Bedürfnisse.
Die Fenster nach außen zu den Mitmenschen
und besonders nach unten zu den Bedürftigen zu öffnen.
Und wer sich traut, dem empfiehlt Frank Laubach noch, die Fenster nach
oben zu Gott aufzureißen.
Fenster auf – nach außen, nach unten und nach oben.

Das beseitigt den „Mief" der Ungerechtigkeit,
der Erbarmungslosigkeit,
der Einsamkeit,
der Lieblosigkeit,
der Gleichgültigkeit.

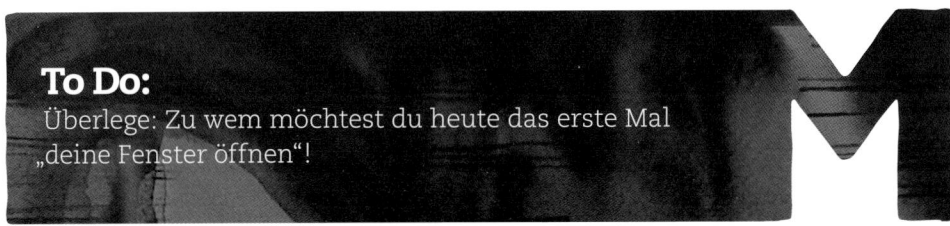

To Do:
Überlege: Zu wem möchtest du heute das erste Mal
„deine Fenster öffnen"!

MIESEPETER

Ich bin frei von Vorurteilen – ich hasse alle Menschen gleich.
W.C. Fields (1880-1946)

Immer am 29. Januar wird weltweit der „Miesepeter-Tag" gefeiert.
Er geht auf den Schauspieler und Komiker W.C. Fields zurück, der an diesem
Datum geboren wurde, und der in seinen Schauspielrollen hauptsächlich
Dauernörgler gespielt hatte.

Wir Männer sind Meister der schlechten Laune (sonst würde der Begriff
wahrscheinlich „Miesepetra" heißen).
Wir können Stimmungen besonders gut kippen lassen,
zum Beispiel durch gleichgültige Mimik,
absolute Aussagen,
abfällige Bemerkungen,
mitleidshaschendes Leiden.
Es kommt über uns – einfach so.
Miese Stimmung – bei uns und dann auch bei unseren Mit-Lebenden.

Ein Tipp, wenn du mal wieder „miesepetrig" wirst:
Schau dir dein Gesicht im Spiegel an.
Was siehst du?
Was strahlt aus dir heraus?
Was sehen demnach andere in dir?
Willst du so wahrgenommen werden?

Schau dir dein Gesicht an – und biete dir die Stirn!
Und schau gleich noch etwas tiefer – und tiefer in dich hinein.
Denn:
„Ein fröhliches Herz macht ein fröhliches Angesicht." (Die Bibel in Sprüche 15,13; LUT)

To Do:
Schau dir dein Gesicht im Spiegel an!

Die großen Hoffnungen erschaffen große Männer.

Thomas Fuller (1608-1661)

MIKROFON

Was ich euch ins Ohr flüstere, das ruft laut in der Öffentlichkeit.
Jesus in Matthäus 10,27

Kürzlich dazu in der Bibel gelesen:
Es war im Tempel in Jerusalem. Kurz zuvor hatten alle zusammen ein Wunder erlebt: Ein Mann, der 40 Jahre gelähmt war, konnte plötzlich gehen. Alle waren sprachlos. Eine ehrfürchtige Stille lag über dem Tempelplatz.
Ein Mann ergriff das Wort. Er begann zu erzählen … von Gott, der das Wunder bewirkt hatte. Eine flammende Rede, die jäh unterbrochen wurde.
Grimmig aussehende Männer packten ihn und seinen Kollegen und schleppten sie zum Gefängnis – vorerst mal für eine Nacht.
Schon am kommenden Morgen kam der Oberste Gerichtshof zusammen.
Die erste Frage war: „Welche Kraft steht hinter euch?"
Der robustere der beiden Gefangenen antwortete mit klugen Worten und ohne jegliche Angst. Erstaunt hörte der Richter und seine Berater zu. Ihnen war klar, dass die zwei zu keiner Zeit gegen irgendwelche demokratischen Grundrechte verstoßen hatten.
Wieder zurück im Gerichtssaal erklärten sie den beiden – Petrus und Johannes –, dass es ihnen in Zukunft verboten sei, öffentlich von Jesus zu reden.
Sie wollten die beiden schon wegschicken, da ergriff Petrus das Wort: „Urteilt selbst, ob es vor Gott recht ist, euch mehr zu gehorchen als ihm. Wir können's ja nicht lassen, von dem zu reden, was wir gesehen und gehört haben."

Was man(n) selbst erlebt hat, kann einem niemand nehmen. Wie denn auch?
Wovon man(n) überzeugt ist, muss man(n) sagen dürfen. Warum auch nicht?
Wer an Gott glaubt, lebt nicht leise, sondern öffentlich. Auf jeden Fall!

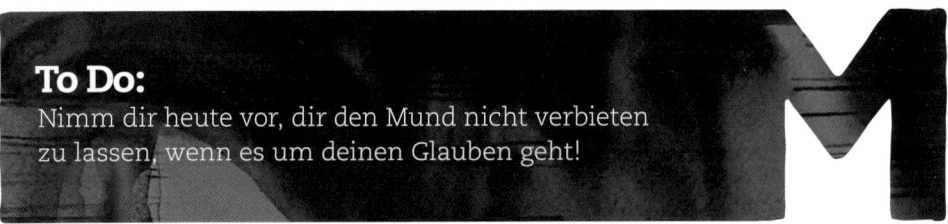

To Do:
Nimm dir heute vor, dir den Mund nicht verbieten zu lassen, wenn es um deinen Glauben geht!

MIKROKOSMOS

Nicht was wir sehen, wohl aber wie wir sehen,
bestimmt den Wert des Geschehenen.
Blaise Pascal (1623-1662)

Wie viel können wir eigentlich sehen?
   Wie viel Grad umfasst unser Gesichtsfeld?

Frösche sehen 330°, ein Falke sieht 300°, ein Krokodil 290° ... bei einem
erwachsenen Menschen beträgt das horizontales Gesichtsfeld etwa 180°,
das vertikale zirka 60° nach oben und 70° nach unten.

Ganz schön klein, die Welt, die wir sehen!
   Unser ganz persönlicher Mikrokosmos!

Der Alltag lehrt uns das Gleiche:
   Wir sehen unser Leben immer nur teilweise,
      nur die kleine Umgebung, die uns gerade eben beschäftigt,
         nur das, was wir in unserem Sichtfeld entdecken.
In diesen Mikrokosmos verbeißen wir uns manchmal,
         werden kleinlich und empfindlich,
            gnadenlos und ungerecht.

Nichts gegen deinen Alltag.
Aber: Dein Leben ist mehr, als du gerade siehst.
         Dein Leben ist befreiter, als du gerade denken kannst.
            Dein Leben ist sinnvoller, als du gerade wahrnehmen kannst.
Deshalb: Weite deine Blick!
Da ist mehr.
   Da ist Hoffnung.
      Da ist Liebe.
         Da ist Gott.

To Do:
Tritt in Gedanken einen Schritt zurück!
Schau dir deinen „Makrokosmos" mal an!

MIKROSKOP

Eure eigenen Fehler erscheinen euch immer als Kleinigkeiten,
hingegen die eures Nächsten
betrachtet ihr immer durchs Mikroskop.

Alain René Lesage (1668-1747)

... für alle „Zweifler": Das Mikroskop wurde im 17. Jahrhundert erfunden.

Ein Mann geht zum Arzt. Er beschreibt kurz, woran er leidet.
Der Arzt: „Ja. Ich weiß, woran das liegt. Ich verschreibe Ihnen eine Arznei für
Ihren Nachbarn." Erleichtert der Patient: „Vielen Dank, Herr Doktor, das wird
mir sehr helfen."

Wie schön könnte das Leben sein, wenn sich die anderen ändern würden!

Wir haben ein Reibungsproblem, reiben uns wund an den Fehlern und der
Fremdheit unserer Mit-Menschen.

Sie sind so anders. Aber:
Es ist nicht unsere Aufgabe, ihre Fremdheit zu bekämpfen
    ... denn: Fremdheit braucht nicht Abwehr, sondern Annahme und Liebe.
Es ist nicht unsere Aufgabe, die „fremden" Eigenschaften unseres Partners zu
ändern
    ... denn: ein Partner ist keine Aufgabe, sondern ein Geschenk fürs Leben.
Es ist nicht unsere Aufgabe, die „fremden" Seiten unserer Kollegen zu for-
men
    ... denn: Mit-Arbeiter wachsen durch Zuwendung, Herausforderung, Gnade.
Und: Tiefe Veränderung können wir ohnehin nicht schaffen – die fängt im
Herzen an, und da kommt nur Gott hin.

Deshalb gilt für uns zuerst mal:
Nicht das/der Fremde muss anders werden ... ich bin derjenige, der sich
ändern muss. Meine Einstellung. Meine Festlegungen. Meine Meinungen.
Meine Sicht. Meine Urteile.
Und irgendwann kommen wir vielleicht mal dahin, das Fremde sogar zu feiern.

To Do:
Bete zu Gott: „Verändere mich –
und gib mir Liebe für alle Begegnungen heute!"

MILDE

Ist's möglich, soviel an euch liegt,
habt mit allen Menschen Frieden.
Die Bibel in Römer 12,18 (LUT)

Welcher Mann will schon gerne als „mild" bezeichnet werden!?
Milde ist nicht die erstrebenswerteste Eigenschaft für uns Männer, oder?
Warte mal die nächsten Zeilen ab!

Ich habe kürzlich die Geschichte von zwei „milden" Männern gelesen –
ich weiß nicht mehr wo:

Es waren einmal zwei alte Männer, die viele Jahre zusammen gelebt hatten, aber nie
stritten. Nun sagte der eine von ihnen: „Lass uns einmal streiten, ganz wie die ande-
ren Leute es tun." Und der andere sagte: „Ich weiß nicht, wie ein Streit entsteht."
Da sagte der erste: „Schau, ich lege einen Ziegelstein zwischen uns und sage dann,
‚das ist meiner', und du sagst ‚nein, das ist meiner', und dann beginnt der Streit."
So legten sie einen Stein zwischen sich, und der eine von ihnen sagte: „Das ist meiner."
Und dann sagte der andere: „Nein, das ist meiner."
Und der erste gab zurück: „In der Tat, er soll dir gehören, so nimm ihn an dich und geh!"
Uns so gingen sie ihres Weges, ohne miteinander streiten zu können.

So kann das auch gehen!
Man(n) muss nicht aus jeder Fliege einen Elefant machen,
        nicht aus Kleinigkeiten große Probleme,
            nicht aus winzigen Meinungsunterschieden großen Streit.
Bevor man den Frieden und gute Beziehungen aufs Spiel setzt,
    kann man(n) auch mal nachgeben,
        den ersten Schritt auf den anderen zugehen,
            eine Nacht über der Angelegenheit schlafen,
                die Sache nicht so hoch ansiedeln,
                    einfach mal anders reagieren als sonst.

Das funktioniert manchmal, sagt die Erfahrung.
Das heilt, sagt Gott.

To Do:
Geh heute mal den ersten Schritt zum Frieden!
Schau, was passiert!

MINDERHEIT

Die großen Dinge in einem Volke
geschehen gewöhnlich durch die Minderheit.
Ernest Rénan (1823-1892)

Wenig kann viel:
Wenige Menschen können Großes bewirken.
Wenige Worte können viel kaputt machen.
Wenige Augenblicke können ein ganzes Leben prägen.
Beispiele dafür gibt's genug.

Auch in der Bibel, dem „Minderheitenbuch":
Ein kleines Volk wird zu „Gottes Volk".
Ein schmaler Landstrich wird zum Gelobten Land.
Drei kurze Jahre Wirksamkeit genügen Jesus, die Welt nach-
haltig zu retten.
Zwölf eigen-artige Jünger tragen die beste Botschaft
in die ganze Welt.
Wenig kann viel.

Gott hat sich sogar darauf spezialisiert,
aus wenig viel zu machen,
aus Wertlosem Wertiges zu machen,
aus Schwäche Stärke zu machen.

Er hat das einmal so ausgedrückt:
„Meine Kraft kommt gerade in der Schwachheit zur vollen Auswirkung."
(Die Bibel in 2. Korinther 12,9; NGÜ)

Fazit: Auch wenn du schwach bist, kannst du stark sein ... durch Gott.
Unglaublich, aber millionenfach erlebt.

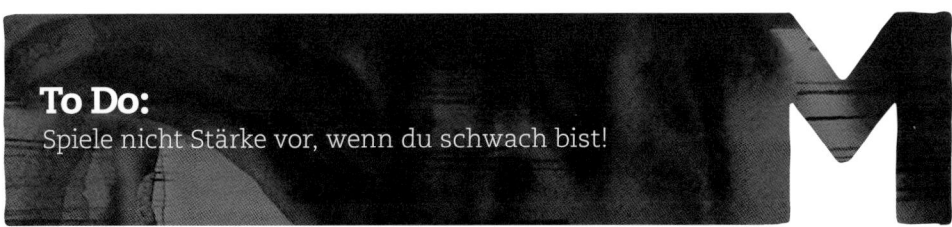

To Do:
Spiele nicht Stärke vor, wenn du schwach bist!

MINDERWERTIGKEIT

Der Mensch ist so viel wert, wie er vor Gott wert ist.
Weisheit der Zisterzienser

Seit 1991 wird in Deutschland das sogenannte „Unwort des Jahres" gewählt.
Worte wie „Überfremdung", „Wohlstandsmüll", „Ich-AG" und „Peanuts".
2004 war es der Begriff „Humankapital". Begründung: Der Begriff reduziere
den Wert des Menschen auf Kapital, auf Geld.
Und tatsächlich: Der Menschenwert wird in unterschiedlichsten Geschäfts-
feldern auch klassifiziert – habe ich gelesen.
„Materialwert": rund 1600 Euro.
„Ökonomischer Wert": irgendetwas zwischen ein und zwei Millionen Euro.
Absurd.

Was macht eigentlich den Wert eines Menschen aus?
Meinen Wert?
Deinen Wert?

Noch wichtiger ist die Frage: Woran machst du selbst deinen Wert fest?
Leistung?
    Können?
        Begabungen?
         Erfolg?

Helmut Thielicke, der bekannte Theologieprofessor,
wirft Gottes Liebe „in den Ring":
„Gott liebt uns nicht, weil wir so wertvoll sind,
    sondern wir sind wertvoll, weil Gott uns so liebt."

Mir gefällt der Gedanke, dass mein Wert nicht an mir selbst hängt –
und nicht an den Berechnungen der Geschäftswelt.

To Do:
Vollende den Satz für dich: „Ich bin wertvoll, weil ..."

MINIMUM

Das lebendige Leben muss etwas unglaublich Einfaches sein.
Und deshalb gehen wir an ihm vorüber, ohne es zu erkennen.
Fjodor Michailowitsch Dostojewskij (1821-1881)

Irgendwo habe ich über Hemingway gelesen, dass er die erste Fassung einer
seiner Texte immer und immer wieder durchforstete – nur um zu streichen.
So sei ein dichter und aussagekräftiger Text entstanden, über den sein Verle-
ger später sagte: „Es ist kein Wort zu viel und keines zu wenig."
Es entstand das Buch „Der alte Mann und das Meer", für das Hemingway
später den Nobelpreis für Literatur bekam.

Und jetzt ein steiler Vergleich:

Wir müssen lernen, in unserem Leben ebenso zu streichen,
                                        wegzulassen,
                                          zu minimieren.
So lange, bis wir zum wirklich Wesentlichen unseres Lebens vorstoßen.
Denn:
Wir brauchen lange nicht so viel für unser Glück, wie wir immer denken.
Wir brauchen nicht so viel Besitz,
                nicht so viele Aktionen,
                  nicht so viele Worte,
                    nicht so viele Beziehungen.
Minimieren täte uns gut. Loslassen. Zeit nehmen. Verabschieden.
Wir wären wieder mehr bei uns,
                mehr bei anderen,
                  mehr im Leben angekommen.

Einen Versuch wär's wert!

To Do:
Überlege: Wovon solltest du dich noch heute verabschieden?
Dann tu's!

MINUS

Wer glaubt, der zittert nicht. Er überstürzt nicht die Ereignisse.
Er ist nicht pessimistisch eingestellt. Er verliert nicht die Nerven.
Glauben, das ist Heiterkeit, die von Gott stammt.
Johannes XXIII.

Jeder kennt sie.
Die „Minusmenschen"!
Sie ziehen dich nach unten durch ihre bloße Anwesenheit.
　　　　　　　Du kannst ihrer Stimmung nicht entrinnen.
　　　　　　　　　Sie vermitteln nichts als Pessimismus.
Sie machen die Zukunft düster,
　　Hoffnungen bleiben vergraben und
　　　Erwartungen im Minus.

Ein „Plusmensch" dagegen – jemand, der Hoffnung und Gelassenheit aus-
strahlt – bringt Licht in seine Umgebung,
　　　lässt uns aufatmen,
　　　　hilft uns, fröhlich zu bleiben,
　　　　löst Hoffnung in uns aus.
Und Hoffnung haben, lässt uns leben, „geht nicht ins Leere" (Römer 5,5a).

Ich formuliere das mal für mich:
Ich habe Hoffnung ... nicht, weil alles gut werden wird,
　　　　　sondern weil Gott mir immer gut ist.
Ich bin beschenkt ... nicht, weil alle meine Wünsche erfüllt werden,
　　　　　sondern weil Gott alle seine Versprechen erfüllt.
Ich bin „plus" ..., nicht, weil alle meine Vorhaben gelingen,
　　　　　sondern weil mein Gott in Gelingen und Scheitern
　　　　　mit mir ist.

Das ist das große „Plus" in meinem Leben.
Aus diesem Glauben heraus weigere ich mich, ein „Minusmensch" zu werden.

To Do:
Achte heute darauf, kein „Minus" auszustrahlen!
Überlege, was deine Hoffnung für heute ist!

MISCHUNG

Wir wollen die Wahrheit in Liebe leben.
Die Bibel in Epheser 4,15 (HFA)

Die gesunde Mischung macht's.
Das ist in vielen Dingen so:
Immer nur durchpowern ist nicht gut
      ... aber nie alles geben, ist ebenso schädlich.
Immer nur kritisch sein ist nicht gut
      ... aber nie etwas hinterfragen, ist ebenso schädlich.
Immer nur asketisch leben ist nicht gut
      ... aber nie auf etwas zu verzichten, ist ebenso schädlich.
Die gesunde Mischung macht's.

So ist das auch mit der gesunden Mischung aus Wahrheit und Liebe.

Beispiel:
Es ist vielleicht wahr, dass du in den vergangenen Tagen mehr gespült und abgetrocknet hast als deine Frau – deine Frau dagegen viel öfters den Müll rausgebracht hat als du.
Diese Gegenrechnungen mögen zwar wahr sein – sind aber lieblos. Eine Beziehung ist nicht durch wahre Tauschgeschäfte zu sichern.
So verliert die Liebe.
    So stirbt die Schönheit jeder Beziehung.

Deshalb müssen Wahrheit und Liebe in allen Beziehungen des Lebens immer zusammen kommen.
Die Wahrheit ohne die Liebe kommt zuweilen erbarmungslos und respektlos daher.
    Die Liebe ohne die Wahrheit baut eine „Schein-Beziehung" auf.
Der Wahrheit allein fehlt es an Erbarmen.
    Der Liebe allein fehlt es an Aufrichtigkeit.

„Wahrheit in Liebe" – das ist die richtige Mischung!

To Do:
Verschweige die Wahrheit nicht!
Verweigere die Liebe nicht!

MISERE

Was bedeutet schon der Schiffbruch, wenn Gott der Ozean ist.
Jean Baptiste Henri Lacordaire (1802–1861)

Es ist längst nicht alles perfekt in unserem Leben. Vieles gelingt nicht ganz, nur teilweise.
Wir sind meistens nur teilweise gute Väter,
                        gute Ehemänner,
                                nur teilweise gute Freunde.
Wir sind nur teilweise ohne Verbitterung,
                nur teilweise glücklich!
Das Leben bleibt immer
                        begrenzt,
                                unvollkommen,
                                endlich,
                                sündenvoll,
                                        unvollständig,
                                schwach.

Also: Es kann im Leben nicht darum gehen, dass alles perfekt läuft. Auch wir selbst müssen nicht perfekt sein: vollkommen, fehlerlos, ewig, „göttlich".

Vertrauen ist es, was sich Gott von uns wünscht – nicht Perfektionismus.
Beziehung ist das, was Gott will.

Alle unglücklichen und schwachen Situationen deines Lebens können Gott nicht schockieren – Gott ist immer mittendrin dabei und um dich herum.
Alle Unvollkommenheiten deines Lebens werden Gott nie daran hindern, dich unendlich zu lieben.
Vergiss das heute nicht!

To Do:
Genieße es, wenn dir etwas „vollständig" gelingt!
Versuche nicht, perfekt zu sein!

Ein weiser Mann ist mächtiger als ein starker, und ein Mann, der Erkenntnis hat, ist stärker als einer, der große Kraft hat.

Die Bibel in Sprüche 24,5 (NLB)

MISSBRAUCH

Freiheit kann sowohl durch den Missbrauch der Freiheit,
als auch durch Machtmissbrauch gefährdet werden.
James Madison (1751-1836)

Freiheit ist für alle Menschen tiefe Sehnsucht,
            große Herausforderung,
                sogar göttliche Berufung.
Interessanterweise spricht besonders die Bibel sehr deutlich davon:
„Ihr seid berufen, in Freiheit zu leben." (Galater 5,13)

Aber: sie ist bedroht,
        durch Missbrauch gefährdet:
            Missbrauch der Freiheit und der Macht
                – durch andere und durch mich selbst.
Viel Stoff zum Nach-Denken …

Für heute mal nur eine Frage für mich als „Täter": Ist mein Charakter der
Freiheit und der Macht gewachsen, die mir anvertraut ist?

Je nachdem, wie deine Antwort auf die Frage ausfällt, könntest du noch über
folgende Grundfähigkeiten nachdenken, die du – insbesondere als Mann –
lernen musst:
Disziplin,
    Demut,
        Maß,
            Verantwortung.
Nur so lässt du anderen ihre Freiheit,
        bleibst selbst frei und gelassen.

To Do:
Dein Charakter … wie soll er heute „wachsen"? Und wodurch?

MISSERFOLG

**Lernt in einer neuen Weise zu denken,
damit ihr verändert werdet.**
Die Bibel in Römer 12,2 (NGÜ)

Wir Männer hängen am Erfolg.
Wir können in der Regel schlecht damit umgehen,
wenn wir ein Projekt an die Wand fahren,
wenn wir Ziele nicht erreichen,
wenn uns nicht alles gelingt.

Ruckzuck wird man(n) aggressiv gegen andere und sich selbst.
Wir Männer müssen lernen, anders zu denken:
Pannen als bedauerliche Einzelfälle,
Fehler als vergebungswürdige Taten,
Ausrutscher als Wachstumschancen.

Wenn etwas nicht geklappt hat – na und?
Dann versuchen wir's eben weiter.
Ein Erlebnis ist doch nur ein winziger Ausschnitt deines Lebens.
Ein Misserfolg hat doch nichts mit deiner Identität zu tun.
Deine negativen Gedanken sind lediglich Gedanken – mehr nicht.
Misserfolge sind ein Teil deines Lebens.

Denk dran: Ein Misserfolg verwandelt sich in Erfolg, wenn wir daran
wachsen und weiterleben.

To Do:
Mach deine Identität nicht vom Gelingen einzelner Taten abhängig!
Gib Gott Einfluss auf deine Gedanken!

MISSION

**Meine Mission besteht darin,
die Christenheit zurück zum Christ-Sein zu bringen**
Søren Aabye Kierkegaard (1813-1855)

Hab ich euch schon die Geschichte von der prägendsten Zugfahrt meines Lebens erzählt? Das war so:
Ich war auf dem Weg von Stuttgart nach Hamburg. Einerseits müde, andererseits hatte ich noch viel zu arbeiten. Für die Lösung beider „Probleme" war eine Zugfahrt nahezu ideal.
Lust zu reden hatte ich null,
 Lust zuzuhören noch weniger.
Mannheim Hauptbahnhof. Noch war der Platz neben mir frei. Doch das sollte sich gleich eindrücklich ändern. Eine Frau mit wallenden Gewändern betrat das Großraumabteil, ging zielstrebig auf mich zu und (dieses Bild werde ich nie mehr vergessen), ließ sich mit einem lauten Seufzer in meinen Nachbarsitz fallen.
Dann wandte sie sich mir zu, schaute mir fest in die Augen und sagte: „Hallo, ich bin Buddhistin."
Häh?

Entscheidend war nicht das intensive Gespräch, das wir danach führten.
Entscheidend war für mich Folgendes:
Meine Einstellung war: „Hoffentlich spricht mich niemand an" –
ganz anders sie.
Mein(e) Wort(e) war(en): „Hallo" – ihre Worte: „Hallo, ich glaube."

Was für ein Unterschied!
Seither möchte ich anders leben:
 Weniger defensiv, mehr öffentlich.
  Weniger stumm, mehr bekennend.
   Weniger statisch, mehr spontan.
Klar ist: Das geht nur, wenn die Grundhaltung stimmt,
    wenn ich jeden Tag bewusst öffentlich lebe, was ich glaube.
Dann merke ich auch, wann Worte gut wären – und welche.

To Do:
Nimm dir heute vor, deine Überzeugungen und
deinen Glauben nicht zu verschweigen!

MISSMUT

Lass mich doch einfach mal schlecht drauf sein …!
Familieninternes Zitat :-)

Kein Mensch kann immer gut drauf sein.
Schlechte Laune schwappt immer wieder in unseren Alltag, unangekündigt – aber nie grundlos. Manchmal ist sie ein Zeichen, dass in einem Bereich unseres Lebens eine Grenze durch Umstände, durch andere Menschen oder durch uns selbst überschritten wurde:
> zu viel gearbeitet,
>> zu wenig geschlafen,
>>> zu viel getrunken,
>>>> zu wenig Bewegung gehabt,
>>>>> zu viel Enttäuschung erlebt,
>>>>>> zu wenig Sinnvolles getan.

Die Folge: Wir fühlen uns wie ein Ungeheuer, das andere durch seine Laune erschreckt – und wir sind es auch.

Der erste Schritt zur Besserung: Gestehe dir ein, dass du schlecht drauf bist.
Der zweite Schritt: Beobachte, wann diese Stimmung in dir hochkocht.
Der dritte Schritt: Achte darauf, andere nicht zu sehr damit zu belasten.
Der vierte Schritt: Tu dir was Gutes, genieße etwas Schmackhaftes, bewege dich, lass deine Laune am Boxsack aus, zieh dich kurz zurück …

Und wenn du mal der schlechte Laune anderer Menschen ausgesetzt bist:
Sie brauchen deine Geduld, nicht deine analytisch-hinterfragenden, klugen Worte.

To Do:
Schau mal in den Spiegel, wenn du heute schlechte Laune hast!
Identifiziere die Wurzeln deiner schlechten Laune!

MISSTRAUEN

Dies lehrt uns das Leben:
Misstrauen ist hässlich, Misstrauen ist kleinlich.
Georg Baron von Örtzen (1829-1910)

Nur, weil es „*Miss*-Trauen" heißt, ist es noch lange nicht ein spezielles
Problem von Frauen. Im Gegenteil.

Wo liegt eigentlich der Ur-Sprung des Misstrauens?
Spezialisten sagen: Misstrauische Menschen sind voller Angst.
Angst, dass ihr Vertrauen missbraucht wird;
Angst, dass sie belogen oder betrogen werden.
So werden Gespräche kleinlich und Worte hässlich –
parallel dazu verliert die Beziehung ihre Schönheit.

Misstrauen wählt ganz spezielle Worte, vorwurfsvolle Worte,
schmerzende Worte.
Misstrauen wählt aber manchmal auch Blicke – nicht weniger schmerzhaft.

Die einzige Lösung:
Vertrauensvorschuss!
Vertrauen „schenken"!

Die Bedingung:
Selbst-Vertrauen!
Wer selbst Vertrauen hat,
hat Vertrauen zum Weiter-Schenken,
weiß zwar, dass sein Vertrauen immer wieder missbraucht wird,
weiß aber auch, dass seine Identität nicht daran hängt.

Das Beste:
Wer Vertrauen schenkt, wird selbst vertrauenswürdig.
Davon wusste John Davison Rockefeller (1839-1937) zu reden:
„*Meinen Erfolg im Leben verdanke ich vor allem meinem Vertrauen in Menschen und
meiner Fähigkeit, in anderen Vertrauen zu mir zu wecken.*"

To Do:
Identifiziere dein Misstrauen! Wähle einen Menschen aus,
dem du neu einen Vertrauensvorschuss geben solltest!

MISSVERSTÄNDNIS

Aus vielen Worten entspringt ebenso viel Gelegenheit
zum Missverständnis.
William James (1842-1910)

William James war Professor für Psychologie und Philosophie in Harvard und
eigentlich kein religiöser Mensch. Er schreibt über seinen Glauben:
*„Ich habe keine lebendige Empfindung eines Verkehrs mit Gott. Ich beneide die, die eine
solche haben, da ich weiß, dass sie mir unendlich helfen würde."*[6]

William James gilt als der Begründer des sog. „Pragmatismus",
einer Philosophie, die Wahrheit neu definiert:
> Wahr ist, was fürs Handeln nützlich ist,
> wahr ist, was praktisch funktioniert –
>> nicht, was mit der Wirklichkeit übereinstimmt.

Bedenklich!

So. Und nun zum „wahren" Zitat oben:
Je mehr wir reden, je mehr Worte wir sprechen, umso mehr Auslöser für
Missverständnisse werfen wir in den Ring. Wenn das Missverständnis dann
perfekt ist, geht es am Ende nur noch darum, wer Recht hat.
Jeder kennt das. Jeder hasst das. Jeder fragt sich:
> Wer weiß eigentlich, was wahr ist? Und was entspricht der Wirklichkeit?
> Wer entscheidet eigentlich, wer Recht hat? Und nach welchem Maßstab?

Vielleicht hilft dir der „pragmatische" Gedanke:
Wenn du nicht weißt, was wahr ist, dann tu nicht so, als wüsstest du es,
> dann verzichte auf dein Rechthaben.

Du verlierst dadurch nicht. Du gewinnst.
Und dann setz dich auf deinen Hosenboden und bilde dir eine Meinung.
Aus meiner Erfahrung hilft in allen Wahrheitsfragen auch ein Blick in die
Weisheit der Bibel, die „unendlich hilft".

To Do:
Sei nicht rechthaberisch, sondern wahr!
Sei nicht heuchlerisch, sondern echt!

MISTKERL

Schrankenloses Sichausleben ist Zerstörung.
Jakob Boßhart (1862-1924)

In Zagreb (Kroatien) gibt es das „Museum der Zerbrochenen Beziehungen". Zwei Künstler, die sich schmerzhaft voneinander trennten, haben andere enttäuschte Liebende aufgefordert, Erinnerungsstücke ihrer Trennung, inklusive einer Erklärung, bei ihnen abzugeben. Daraus entstand ein ständig wachsendes Museum, das 2011 als innovativstes Museum Europas ausgezeichnet wurde.

Da hat zum Beispiel ein Mann aus Deutschland eine Axt gestiftet, mit der er, nachdem seine Freundin ihn verlassen hatte, innerhalb von 14 Tagen jedes Möbelstück zerschlug, das ihr gehört hatte.

Die abgeschlagene Nase eines Gartenzwergs erinnert an ein slowenisches Trennungserlebnis. Er, der Mistkerl, fuhr am Scheidungstag arrogant mit seinem neuen Auto vor. Der Zwerg flog auf die Windschutzscheibe, dann auf den Asphalt und zerbrach.

Zerbrochene Beziehungen,
        gebrochene Herzen,
                zerschlagene Seelen.

Die vielgestellte Frage ist: Wer ist schuld am Zerbruch?
Viel wichtiger wäre: Wie können kaputte Beziehungen wieder heilen?
Was/wer hilft zur Wiederherstellung? Und wie kann ich vermeiden,
(als Mistkerl) Auslöser für Zerbruch zu sein?
Schwere Fragen – langwierige Prozesse.

Hinweis aus der Bibel:
Der Herr ist denen nah, die zerbrochenen Herzens sind,
und hilft denen, die ein zerschlagenes Gemüt haben.
Die Bibel in Psalm 34,19 (LUT)

Kannst du das denken?
    Dass Gott hilft?
        Dass er da ist, obwohl du das nicht glaubst und spürst?
            Auch für Mistkerle wie uns, die selbst schon viel zerstört haben?

To Do:
Wirke mit bei Heilung! Verweigere Zerstörung!
Öffne dein Herz für Gottes Hilfe!

MITBESTIMMUNG

Des Weisen Amt: ordnen.
Thomas von Aquin (1224-1274)

Kennst du das Gefühl, …
   … völlig den Überblick verloren zu haben?
     … nicht genug zu arbeiten?
       … nie fertig zu sein?
        … fremdbestimmt zu sein?
Weil die Ansprüche machtlos machen,
   weil die Arbeitsfülle den Atem nimmt,
     weil die Dringlichkeiten Wichtiges verdrängen,
       weil ein „Nein" nie über die Lippen kommt,
        weil Sehn-Süchte zur Sucht geworden sind.

Die Folge:
Wir werden uns selbst fremd,
   leben nicht in der Gegenwart,
     fühlen uns ausgehöhlt und leer …
… und schaffen damit Raum für Gedanken und Gefühle,
die wir eigentlich gar nicht wollen.

Drei Schritte zurück zur Mitbestimmung:
Anhalten!
   Denken!
    Ordnen!
Ein Schritt nach dem anderen.
Mir hilft das. Immer wieder. Regelmäßig und spontan.

Ich persönlich habe die klügsten „Ordnungsimpulse" von „außen" bekommen
– im Gespräch mit Freunden und im Beten mit Gott.

To Do:
Halte heute mal für 15 Minuten an! Denk nach und ordne!
Dann wieder zurück ins Leben!

MITBEWERBER

Jemand seufzte: „Erfolge machen nicht glücklich –
solange Konkurrenten auch welche haben!"
Otto Weiss (1849-1915)

Zunächst beobachten wir nur, dann gehen wir näher, und schon bald sehen
wir nur noch, was wir nicht haben,
    was wir uns schon immer gewünscht hatten.
Und ruckzuck sind wir drin, in der Falle des Vergleichens –
gefolgt vom Neid und vielleicht sogar dem Verlust des Selbstwerts.
Andere haben mehr,
        können mehr,
          verstehen mehr,
            lieben mehr,
              lesen mehr,
                beten mehr,
                  leisten mehr.
Der Neid kriecht in die Kammern meiner Seele und verdunkelt meinen
Augen-Blick.
Das sieht man mir an.
Noch schlimmer: Ich bin nicht mehr Herr meiner Gedanken.
Sie spielen verrückt,
    denken schlecht über Gutes,
      streben nach Wert-Losem,
        stellen meine Wünsche über alles und mich selbst in die Ecke.

Wie schön wäre das doch, anders zu denken,
      neidlos allen alles zu gönnen,
        großzügig die Hände zu öffnen,
          sich ehrlich mit anderen zu freuen.

To Do:
Sag heute einem „Mitbewerber" etwas Gutes
– oder beschenke ihn!

MITBRINGSEL

Der Mensch soll seine Atmosphäre immer mitbringen.
Christian Friedrich Hebbel (1813-1863)

Was bringe ich eigentlich alles mit, wenn ich in einer Situation auftauche?
Auf jeden Fall mal meine Persönlichkeit.
Inklusive meiner Vergangenheit – und meiner Hoffnung.
   Inklusive meiner Gaben – und meiner Schwächen.
      Inklusive meiner Stimmungen – und meiner Missstimmungen.
Außerdem noch meine Fehler ... denn die habe ich auch im Gepäck.
Ich bin nicht zu denken ohne meine Fehler,
            meine einseitigen Beurteilungen,
             meine doppeldeutigen Aussagen.
Ich bin nicht perfekt ... auch das bringe ich neben allen guten Dingen auch mit.
Nur: Damit lebe ich nicht so gerne.
        Auch andere nicht.
        Und vor allem die Frommen nicht.

Dietrich Bonhoeffer hat das in seinem lesenswerten Buch „Gemeinsames Leben" in eindrückliche Worte gefasst:
„Die fromme Gemeinschaft erlaubt es ja keinem, Sünder zu sein [...] Unausdenkbar das Entsetzen vieler Christen, wenn auf einmal ein wirklicher Sünder unter die Frommen geraten wäre. Darum bleiben wir mit unserer Sünde allein, in der Lüge und der Heuchelei, denn wir sind nun einmal Sünder."[7]

Bitte, bitte – lebe nicht so, als hättest du keine Fehler, keine Schuld.
Das ist nicht gut für dich und schädlich für jede Gemeinschaft und Beziehung.
Das ist die Wahrheit und nichts als die Wahrheit.

Vergiss aber auch die andere Wahrheit nicht, die dich freimachen kann.

Egal, was du mitbringst, wenn du auftauchst – Jesus ist schon da und hat als Mitbringsel seine Liebe und Vergebung dabei.

To Do:
Lies heute mal in der Bibel! Meine Empfehlung: 1. Johannes 1,9!

Im Spiegel des Wassers erkennst du dein Gesicht und im Spiegel deiner Gedanken erkennst du dich selbst.

Die Bibel in Sprüche 27,19 (HFA)

MITBÜRGER

Keine Regierung und keine Bataillone vermögen Recht und Freiheit zu schützen, wo der Bürger nicht imstande ist, selber vor die Haustüre zu treten und nachzusehen, was es gibt.
Gottfried Keller (1819-1890)

Gestern Abend war ich bei einer Sitzung in der Stadtverwaltung.
Als Stadtrat ist es mein Mandat, mich für das Wohl der Stadt einzusetzen.
Eine not-wendige Aufgabe.
Nur für mich? Nichts für dich?

Vielleicht kennst du Jeremia.
Das war ein Prophet in Israel in einer ganz besonderen Zeit.
Damals waren unzählige Einwohner in einem langen Hungermarsch nach Babylon verschleppt worden – gnadenlos gedemütigt,
                              hoffnungslos resigniert.
Sie gaben sich der Illusion hin, dass das Exil nur ein böser Traum wäre,
                              nur ein Kurzzeit-Aufenthalt,
                              nur ein kurzer Abstecher.
Logisch, dass sie ständig auf die Rückkehr lauerten – tatenlos und heimatlos.
Von allerhöchster Stelle angewiesen schrieb Jeremia einen Brief.
Ein Auszug daraus:
„Setzt euch ein für den Frieden und das Wohlergehen Babels [...] Betet für das Wohlergehen der Stadt – denn wenn die Stadt, in der ihr gefangen gehalten werdet, Frieden hat, habt ihr auch Frieden." (Jeremia 29,7; NLB)

Sich einsetzen und beten … das schafft Frieden.
Für andere eintreten und vor Gott hintreten … das ist unser Auftrag.
Klare Ansage!

Die millionenfach bewährte Wahrheit dahinter – für dich und für mich:
Wer immer sich für Frieden (Schalom) einsetzt und für Frieden betet, schafft die wichtigsten Voraussetzungen für ein friedliches Miteinander.

To Do:
Egal, was du heute erlebst
    – strebe Frieden an!
Nimm dir eine himmelschreiende Situation in deiner Stadt
    – und schreie zu Gott um Frieden!

MITFAHRER

Jeder Mensch ist ein Autobus, in dem die Vorfahren mitfahren.
Oliver Wendell Holmes (1809-1894)

Stimmt! Auch im Leben von Menschen, die einen Glauben haben, ist es wahr.
Wir haben Vor-Fahren als Mit-Fahrer.
   Wir haben mehr als uns selbst.
    Wir sind nicht ges(ch)ichtslos.
     Wir sind nicht die Ersten, die diesen Glauben leben.
Unser Glaube hat Tradition. Und wenn wir kurz überlegen, entdecken wir die
guten Einflüsse unserer Vor-Fahren in jedem Gottesdienst:
Wir beten Psalmen, die vor Jahrtausenden entstanden sind,
  wir bekennen unseren Glauben mit Worten, die unzählig oft
  gesprochen wurden,
    wir singen Lieder, die viele schon lange vor uns glaubend
    gesungen haben.
Da liegt ein schier unbegrenzter Schatz an Worten, Liedern, Gesten, Ritua-
len, Liturgien … tausendfach erprobt, millionenfach gesprochen.

Schon vor uns haben Menschen geglaubt und gezweifelt,
     geliebt und gekämpft,
      gehofft und getragen.
Wir können uns in die Geschichte ihres Glaubens, Liebens und Hoffens
fallen lassen.

Dazu ein Tipp aus den alten Schriften:
*„Lerne gern von den Alten, und wo ein weiser Mann ist, schließ dich ihm an. Lass
dir gern von Gottes Taten erzählen, und lass dir keinen Weisheitsspruch entgehen."*
(Sirach 6,35)

Wir haben mehr als uns selbst!

To Do:
Überlege, was du von den „Alten" lernen kannst!
Nimm dir eine Sache und strebe danach!

MITGLIED

Man soll nie zuschauen,
man soll Zeuge sein und mittun
und Verantwortung tragen.
Antoine de Saint-Exupéry (1900-1944)

Manchmal geht es im Leben nicht mehr um unsere Wünsche,
                                          unsere Rechte,
                                               unsere Erfüllung.
Da gibt es Pflichten und Aufgaben, die sich nach Erfüllung sehnen.
Verantwortung schleicht sich unausweichlich in unser Leben.

Manchmal haben wir uns diese Verantwortung aber auch selbst gesucht,
indem wir z. B. Mitglied eines Vereins geworden sind. Mitglieder engagieren
sich – in der Regel (böse Zungen behaupten, kein Verein hätte genügend Mitglieder, wenn sich alle verantwortlich engagieren müssten).

Dietrich Bonhoeffer, der im April 1945 hingerichtet wurde, hat in seinem
Leben die Entwicklungen der Regierung Hitlers sehr genau beobachtet.
Er kam zu dem Schluss:
  „Tatenloses Abwarten und
      stumpfes Zuschauen sind
          keine christlichen Haltungen."[8]

Es widerspricht zutiefst dem Wesen des christlichen Glaubens, einfach nur
zuzuschauen!
Kein verantwortungsvolles Handeln kann als Zuschauer gelebt werden.

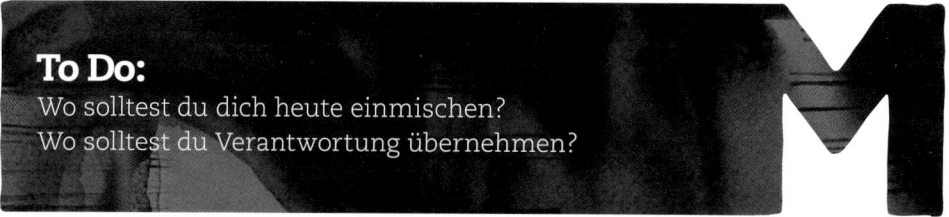

To Do:
Wo solltest du dich heute einmischen?
Wo solltest du Verantwortung übernehmen?

MITLÄUFER

**Worauf es ankommt, ist, innerlich stark zu werden,
aber das geschieht durch Gottes Gnade.**
Die Bibel in Hebräer 13,9 (NGÜ)

Schon mal vom „Mitläufer-Effekt" gehört?
Soziologen sprechen davon, wenn sich ein Mensch einer Bewegung, einer
religiösen Gemeinschaft, einer Partei, einem Verein zuordnet, um Nachteile
zu vermeiden oder um Vorteile abzugreifen.

Beispiele gibt es genug – zu jeder Zeit, in jedem Land.
Immer gibt es die „Masse" oder die „Macht" (zum Beispiel das Naziregime
oder die DDR-Diktatur), die klar die Richtung vorgibt,
    die scheinbar alternativlos Abläufe vorschreibt,
        die Werte und Pflichten vorgibt und vorlebt.

Helden dagegen – die Anti-Mitläufer – sind anders.
Sie leisten Widerstand gegen die Masse,
        folgen ihrem Gewissen,
         leben ihre eigene Meinung,
          übernehmen Verantwortung,
           verteidigen ihre Werte,
            finden alternative Taten,
             halten sich gegen alle/s frei.
Entscheidend wird sein, woran wir unsere Werte orientieren,
       welche Meinungen uns prägen dürfen,
        wie stark wir selbst am Denken bleiben,
         welchen Beziehungen wir uns aussetzen.
Stichwort „Beziehungen":
Achte darauf, welche Beziehungen du führst! Das entscheidet darüber,
ob du als Mitläufer oder Held endest! Vielerprobt ist eine feste Beziehung –
außerhalb von dir – mit Gott!
Zu „platt"?

To Do:
Bleib am Denken, egal was die Masse vorgibt!

MITLEIDEN

**Freut euch mit denen, die sich freuen;
weint mit denen, die weinen.**
Die Bibel in Römer 12,15 (NGÜ)

Männer weinen nicht, sagt Mann ... Frauen denken anders über uns Männer.
So, wie Mit-Freuen zu Beziehungen gehört, ist auch Mit-Weinen not-wendig.
Das ist Mit-Leid(en).

Heilsame Beziehungen leben immer von zwei Dingen:

1. Interesse, denn ...
    ... ob und warum der Andere sich freut,
        entdecke ich nur über intensives Nach-Sehen.
    ... ob und warum der Andere trauert,
        höre ich nur über ehrliches Nach-Fragen.

2. Information, denn ...
    ... damit ein Anderer sein Herz öffnet,
        muss ich meinen Mund aufmachen.
    ... damit ein Anderer mit-fühlen kann,
        muss ich Gefühle zeigen und erklären.

Ich kenne einige Menschen, die mir das vormachen.
Von ihnen lerne ich:
    Mit-Leiden kann der,
        der frei ist vom An-Sehen anderer Menschen,
        der von bedingungsloser Liebe geleitet ist,
            der durch menschliche Rücksicht nicht gebunden ist.

To Do:
Friss deinen momentanen Gefühls-Zustand nicht in dich hinein!
Informiere Freunde!
Zeig Interesse am inneren Erleben deiner Freunde!

MITMENSCHEN

Liebe deine Mitmenschen, wie dich selbst.
Die Bibel in Lukas 10, 27

Es gibt etwas, das man nicht durch-denken,
nicht be-greifen,
nicht er-fühlen,
das nur gelebt werden kann: Liebe!
Und sobald wir sie leben, merken wir, dass sie stärker ist als Hass,
dass sie zusammenführt, was trennt,
dass sie groß macht, was klein scheint.
Wer liebt, sieht mehr von den Menschen,
mehr von der Natur,
mehr von der Gesellschaft,
mehr vom Leben.
Liebe hat das Zeug dazu, die Welt zu verändern – aber wie!

Jemand, der das vorgel(i)ebt hat:
Jesus … er hat für die Menschen gelebt und ist aus Liebe für sie gestorben,
er hat sein Leben losgelassen und alles gegeben,
er hat auf alles verzichtet und sich selbst erniedrigt.

„Er verzichtete auf alle seine Vorrechte und stellte sich auf dieselbe Stufe wie ein Diener. Er wurde einer von uns – ein Mensch wie andere Menschen. Aber er erniedrigte sich noch mehr: Im Gehorsam gegenüber Gott nahm er sogar den Tod auf sich; er starb am Kreuz wie ein Verbrecher." (Philipper 2,7-8; NGÜ)

Liebe in Perfektion!

To Do:
Frage dich: Wer ist heute dein Mitmensch?

MITTE

Was man an Nebensachen verschwendet,
wird immer der Hauptsache entzogen.
Franz Grillparzer (1791-1872)

Zeit für ein Gedankenexperiment.
Bereit?

Kürzlich hab ich in einem Buch über die „Halbzeit des Lebens" die Geschichte
eines Managers gelesen, der von einem seiner Berater die Frage gestellt
bekam: „What's in the box (was ist in der Box)?"[9]. Er meinte damit:
Wenn du nur eine Sache deines Lebens für die Box auswählen dürftest – was
wäre das?

Was ist deine Lebensmitte?
    Wo entspringt die Hauptquelle deines Lebens?
        Ohne was kannst nicht leben?
            Wem gehört dein Herz?
                Für welche Werte stehst du?
                    Was überstrahlt alle Nebendinge?

Familie? Karriere? Freiheit? Harmonie? Geld? Glaube? Liebe? Wachstum?
Erbarmen?
Denk dran … das Gedankenexperiment hat als einzige Vorgabe: Es passt nur
eine Sache in die Box, mehr nicht. Eine Mitte. Eine Quelle.

Daran wird sich entscheiden,
wo du in Zukunft hingehst – und wo nicht,
    was du in Zukunft tust – und was du aushältst,
        wobei du in Zukunft bleibst – und was du lässt,
            wofür du dein Kraft gibst – und wem du dich verweigerst.

Konzentriere dich nicht länger auf Nebensachen!
        Finde deine Mitte!
            Gewinne an Bedeutung!

To Do:
Nimm eine Box, stell sie vor dich hin und öffne den Deckel!
Was nur ist wertvoll genug dafür?

MITTEILUNG

Gewiss ist, dass eine einzige Stunde vertraulicher Mitteilung
zwei fremde Menschen einander näher bringt
als ganze Jahre gewöhnlichen Beisammenlebens.
Friedrich Martin von Bodenstedt (1819-1892)

Unsere Beziehungen leiden an Mitteilungslosigkeit.
Wir kommunizieren oft nur, um zu erreichen,
                            um zu beurteilen,
                            um zu klären,
                            um zu besprechen.
Nichts gegen zielorientierte Gespräche!

Was uns aber verloren ging, ist die reine Mitteilung,
                            das absichtslose Erzählen,
                            die bloße Information.
Darin sind wir nicht besonders gut.

Einer meiner Lebensbegleiter wurde nicht müde zu betonen:
„Information ist die halbe Beziehung."

Wenn das wahr ist, müssen wir den Gedanken eine Sprache geben,
                            der Schweigsamkeit den Laufpass geben,
                            den Liebsten an unserem Erleben Anteil geben.
Nur Mut!

To Do:
Wenn du heute Abend nach Hause kommst oder
dich mit Freunden triffst ... teile dich mit!

MITTEL

Das Denken dieser Menschen ist durch und durch verdorben; sie haben sich so weit von der Wahrheit entfernt, dass sie meinen, Frömmigkeit sei ein Mittel, sich zu bereichern.
Die Bibel in 1. Timotheus 6,5 (NGÜ)

Kürzlich gelesen:
Die Eigentümer eines „christlichen" TV-Senders scheffelten Millionen um Millionen in ihren Sendungen – und finanzierten damit zwei Privatjets, mehrere Luxusvillen, Wohnmobile für ihre geliebten Hunde und ihren auf-wändigen, alltäglichen Lebensstil. Ihre Botschaft an die Zuschauer: Je mehr du gibst, desto großzügiger belohnt dich Gott. Eine Spendenorgie nach der anderen wird präsentiert. Alles unter dem Mantel des „Evangeliums" und des Segens Gottes.

Immer, wenn ich so etwas lese, werde ich wütend.
Das beschmutzt das Ansehen aufopferungsvoll lebender Christen,
            beutet die Sehnsucht nach Sorglosigkeit aus,
                verdreht, was „Evangelium" und „Segen" bedeutet.
                    missachtet, was Jesus Christus gesagt und gelebt hat.
Wie verdorben muss das Denken dieser „Mittel-Gläubigen" sein,
                wie stark ihre Abhängigkeit,
                wie tief ihre Lebenslügen,
                    wie beschränkt ihre Sicht.
Stopp! Genug empört!

Frage:
Wer garantiert mir eigentlich,
dass ich nicht irgendwann mal selbst derart verdorben werde,
                    mich in Selbstbetrug verrenne,
                        mich von der Wahrheit entferne?

Ich kann nicht für mich die Hand ins Feuer legen.
Ich habe mich entschieden, Gott um Erbarmen und Bewahrung zu bitten.

To Do:
Achte auf dein Herz! Überlege gut, woran du dein Herz hängst!
Bleib wahrhaftig!

MITTELMÄSSIG

Nichts tun ist schlimmer, als etwas mittelmäßig zu tun.
Camillo Benso Graf Cavour (1810-1861)

Wir haben so schreckliche Angst vor der Mittelmäßigkeit!
Kompromisslose Qualität ist angesagt. Nur das Perfekte zählt.
Wer will schon ein mittelmäßiges Leben führen?
    Wer will schon mittelmäßig seine Arbeit tun?
        Wer will schon ein mittelmäßig guter Musiker sein?

Kannst du denken, dass „mittelmäßig" gar nicht so schlecht ist?
Es ist doch so:
Mittelmäßig etwas tun ist besser, als gar nichts tun.
    Wenig Beteiligung ist besser als gar keine.
        Kleine Schritte sind besser als Still-Stand,
In fünf Worten gesagt: Wenig ist besser als nichts!
Kannst du das denken?

Ich habe gelesen, dass man beim Ausdauertraining mit kleineren, kürzeren
Schritten schneller läuft, weil man schneller wieder den nächsten Schritt
machen kann.
Ich habe gelesen, dass man nicht mit großen Schritten aus Abhängigkeiten
herauskommt.
Ich habe gelesen, dass Zwangsarbeiter im Zweiten Weltkrieg unzählige Men-
schenleben gerettet haben, indem sie die einzelne wenige Patronen nicht mit
Schwarzpulver gefüllt haben.

Kleine Taten können Großes bewirken.
    Steile Berge werden mit kleinen Schritten bezwungen.
        Große Veränderungen kommen durch viele kleine Veränderungen.

Weniger ist besser als nichts.

Was für eine Befreiung!

To Do:
Welche kleinen Schritte willst du heute (an)gehen …
für deine Gesundheit, für deine Beziehungen, für deinen Glauben?

Es wird dem Menschen
geschenkt zur rechten
Stunde, was er braucht;
er muss warten können.

Friedrich Rittelmeyer (1872-1938)

MITTELPUNKT

Der Unterschied zwischen Gott und dir ist:
Gott denkt niemals, dass er du wäre.
Unbekannt

Im 16. Jahrhundert verfasste Johannes Pauli das Buch „Schimpf und Ernst"
mit nachdenkenswerten Fabeln. Eine Geschichte hat es mir angetan – alte
Sprache, aktuelles Thema:

> Es ist ein Vogel, der heißt Sankt-Martinsvogel, der lag auf dem Rücken und streckte
> beide Bein gegen den Himmel und wollt sie nicht zurückziehen. Es kam ein ander
> Vogel zu ihm und sprach: „Was liegst du also da? Warum ziehest du die Bein nicht
> zu dir?" Der erste Vogel sprach: „Ich trage den Himmel mit meinen Beinen. Wenn
> ich sie zu mir zöge, so würd der Himmel herabfallen." Als er lange also gelegen war,
> da fiel ein Blatt von einem Eichbaum herunter. Der Vogel erschrak sehr und flog
> davon, und der Himmel fiel dennoch nicht auf ihn.

So denken viele Menschen über sich. Sie denken, ohne sie würde alles
zusammenbrechen. Die Erfahrung zeigt:
Der Himmel stürzt nicht ein,
    die Welt geht nicht unter,
        der Betrieb bricht nicht zusammen,
  wenn ich nicht alles trage,
    wenn ich Fehler mache,
      wenn ich krank werde,
        wenn ich mich lächerlich mache.

Der Mittelpunkt der Welt ist nicht dort, wo ich mich gerade aufhalte.
Es gibt unzählige Menschen um mich, die nicht weniger wichtig,
                liebenswert,
                   bedeutungsvoll sind.
Folgendes sage ich mir immer wieder:
Ich muss nicht von allen geliebt und bewundert werden,
    nicht immer bedeutsamer werden,
      nicht der Mittelpunkt meines Lebens sein.
Ich muss nicht Gott sein!
Wie befreiend ist das!

To Do:
Mach dich in den kommenden Tagen auch mal entbehrlich!

MITTELWEG

Werden die Menschen denn nie lernen, die rechte Mittelstraße einzuhalten und mehr der Stimme der Vernunft als dem Taumel der Leidenschaft zu folgen?
Johann Wolfgang von Goethe (1749-1832)

Leidenschaft ohne Vernunft wird fanatisch,
Vernunft ohne Leidenschaft wird leblos.
Der Mittelweg ist's!

Milde ohne Kraft ist fade,
Kraft ohne Milde ist hart.
Der Mittelweg ist's!

Zurückhaltung ohne Mut macht feige,
Mut ohne Zurückhaltung macht übermütig.
Der Mittelweg ist's!

Sicherheit ohne Wagnis ist langweilig,
Wagnis ohne Sicherheit ist gefährlich.
Der Mittelweg ist's!

Keins dieser Dinge ist für sich gesehen schlecht: Leidenschaft, Vernunft, Milde, Kraft, Zurückhaltung, Mut, Sicherheit, Wagnis. Alles gut!
Aber: Das Gute wird gefährlich und extrem, wenn es allein bleibt,
unausgeglichen bleibt,
ohne Konkurrenz bleibt!
Blaise Pascal, der Mathematiker und Philosoph weiß, was die Konsequenz ist:
„Die Mitte verlassen bedeutet die Menschlichkeit verlassen."

Die Bibel fasst zusammen:
„Es ist gut, wenn du ausgewogen bist und die Extreme meidest. Wer Gott gehorcht, der findet den richtigen Weg." (Prediger 7,18; HFA)

To Do:
Meide die Extreme! Finde das richtige Maß!

MITWISSER

Was du nicht weißt, kann ein anderer wissen.
Drum sei von andern zu lernen beflissen.
Bruno Alwin Wagner (1835-1917)

Jeder Mensch ist ein „Mitwisser" ... mal mehr, mal weniger.
Egal, ob wir mehr, weniger oder gleich viel wissen – wir brauchen die Offenheit, über unser eigenes Wissen hinaus voneinander zu lernen.

Eine alte Weisheit empfiehlt: „Lerne zu hören – und höre, um zu lernen!"

Wie oft hören wir nur, um das zu bestätigen, was wir bereits denken,
        um das zu festigen, was unsere Meinung ist,
            um das zu vermeiden, was uns (ver-)ändern könnte.
Hören, um Neues zu entdecken,
     um weiter zu wachsen,
        um Wichtiges zu lernen ... das wär's doch!

Dazu aber müssen wir weit offen werden:
      Die Ohren öffnen, um zu hören,
        das Herz öffnen, um zu lernen,
           die Seele öffnen, um zu gesunden.
Kein Übermut,
   kein Eigensinn,
     kein Festgelegt-Sein,
       sondern Offenheit.
Denn Zuhören macht klug!

Das wussten schon die Menschen vor 3000 Jahren:
„Höre auf guten Rat und nimm Zurechtweisung an, damit du für den Rest deines Lebens weise wirst." (Sprüche 19,20; NLB)

To Do:
Höre heute mal bewusst zu (deinen Kollegen, deinen Kindern, deinem Partner, deinen Freunden), um zu lernen!

MOBILITÄT

Es ist nicht der Weg der „Mobilität nach oben", sondern der
„Mobilität nach unten", der Weg an den Tiefpunkt,
 das Stehen in der hintersten Reihe,
  das An-den-Rand-Treten statt Im-Mittelpunkt-Stehen.

Henri Nouwen[10]

Heute gilt vor allem – wahrscheinlich auch in deiner Umgebung –,
was nach „oben" führt.
 Wer gewinnt, ist wichtig,
  wer Zweiter ist, wird nicht beachtet,
   wer den Rekord hält, wird anerkannt,
    wer dem Rekord nur nahe kommt, hat verloren,
     wer Chef ist, bekommt die Ehre,
      wer dem Chef zuarbeitet, geht leer aus.
Berühmtheit, Anerkennung und Macht zählt.

Jesus war radikal anders, stellte alles bisher Gelebte auf den Kopf.
Er kümmerte sich mehr um die Armen,
      Vernachlässigten,
       Gebrochenen,
        Außenstehenden,
         Alleingelassenen.
Er lebte eine Orientierung nach unten – und war darin auf dem Weg nach oben.
 Er proklamierte den Weg nach unten – und bezeichnete das als Größe.
 „Der Größte unter euch soll sich auf eine Stufe stellen mit dem Geringsten."
 (Lukas 22,26; NGÜ)

Das meint Henri Nouwen mit „Mobilität nach unten".

Dazu gehört kühner Mut,
    Risikobereitschaft,
     innere Freiheit.
Es könnte sein, du verlierst dadurch dein An-Sehen –
          aber du gewinnst an Bedeutung!

To Do:
Mach dich auf den Weg „nach unten"!

MODELL

Christus ist das Vorbild, und dem entspricht „die Nachfolge".
Es gibt eigentlich nur eine einzige wahre Art,
auf die man Christ sein kann: der „Jünger".
Søren Aabye Kierkegaard (1813-1855)

Jesus als Modell für dein Leben – keine Ahnung, ob das in deinen Denkhorizont passt … Für mich gehört das ins Leben.
Vorbilder sind wichtig für unser Leben … paradoxerweise nicht, um sie besser kennenzulernen, das „Modell" möglichst genau nachzuahmen, sondern um sich selbst zu entdecken und zu entwickeln.

Vorbilder sind „Führer". Sie gehen voraus,
                                    bringen uns voran,
                                        geben eine Richtung vor.
Logischerweise bin ich dann ein „Nachfolger".

Vorbilder sind „Lehrer". Sie zeigen Werte auf,
                                    öffnen Horizonte,
                                        geben Wissen weiter.
Logischerweise bin ich dann ein „Lernender", ein Schüler.

In diesem Sinn ist auch die Aussage von Jesus zu verstehen:
„Wenn jemand mein Jünger (= Schüler) sein will, muss er […] mir nachfolgen."
(Matthäus 16,24; NGÜ)

Ein Aspekt der „Modellhaftigkeit" Jesu wird durch den Erfinder und Staatsmann Benjamin Franklin deutlich: Er wollte die Menschen in seiner Heimatstadt Philadelphia davon überzeugen, die Straßen in der Nacht zu beleuchten. Also hängte Nacht für Nacht eine Lampe an einer langen Stange vor seinem Haus auf. Alle, die seiner Straße entlang gingen, konnten das Licht schon von weitem sehen. Es dauerte gar nicht lange, bis auch die Nachbarn Lampen vor ihren Häusern anzündeten – und schon bald war nachts die ganze Stadt hell erleuchtet. Jesus sorgte für Licht in der Welt, bezeichnet sich selbst sogar als „Licht der Welt" – und forderte gleichzeitig seine „Nachfolger" dazu auf, ihr „Licht vor den Menschen leuchten" zu lassen. Es soll hell werden in dieser Welt!

To Do:
Was willst du heute tun, um die Welt ein wenig heller zu machen?

MODUS

Gib jemandem einen Fisch,
und du ernährst ihn einen Tag;
bring jemandem das Fischen bei,
und du ernährst ihn ein ganzes Leben.
Sprichwort

Ich führe das mal weiter:

Gib jemandem Ratschläge – und er wird für den Augenblick wissen,
was er tun soll;
>forme seinen Charakter – und er wird in vielen Situationen das
>richtige Gespür haben.

Schreibe jemandem vor, was er genau zu tun hat –
und er wird diese Situation meistern;
>gib ihm Kriterien zur Hand, nach denen er entscheiden kann –
>und er wird klüger handeln können.

Lehre einen Menschen, was richtig und falsch, schwarz und weiß, verachtenswert und bewundernswert ist – und er wird alles einordnen können;
>hilf ihm, seinen Glauben an Gott zu vertiefen – und er wird auch in
>doppeldeutigen Situationen weise entscheiden.

Das ist der Modus der Nachhaltigkeit, wie er im Buche steht … und da steht:
„Passt euch nicht den Maßstäben dieser Welt an. Lasst euch vielmehr von Gott umwandeln, damit euer ganzes Denken erneuert wird. Dann könnt ihr euch ein sicheres Urteil bilden, welches Verhalten dem Willen Gottes entspricht, und wisst in jedem einzelnen Fall, was gut und gottgefällig und vollkommen ist." (Römer 12,2; GNB)

Das ist der Modus des durch Gott veränderten Denkens,
des durch Gott veränderten Beurteilens,
des durch Gott veränderten Verhaltens.

To Do:
Liefere dich heute ganz an Gott und seiner Veränderung aus!
Das wird dein Denken verändern!

MÖBEL

Möbelgemeinschaft ist keine Ehe.
Hermann Oeser (1849-1912)

Das mag vielleicht nicht alle von euch betreffen …
trotzdem mal ein paar Sätze zur Ehe.

Ehe ist mehr als Zusammen-Leben,
        mehr als Gemeinsam-Bauen,
           mehr als Miteinander-Schlafen,
              mehr als Beieinander-Bleiben.
Ehe ist Raum für Mehr-Werden,
           Reif-Werden,
              Klug-Werden … und deshalb immer deine Chance!

Ehe ist zwar Auf-Gabe – bleibt aber immer Gabe.
     Ehe lebt zwar von Unter-Haltung – hängt aber immer an der Haltung
     der Partner.
          Ehe beginnt zwar durch ein Ver-Sprechen – lebt aber fort durch
          Sprechen.
               Ehe erlebt zwar Leidenschaft – schafft aber immer auch
               Leiden.

Fest steht bei allem: Ehe ist wert-voll!
Deshalb ein Ratschlag aus der Bibel:
„Achtet die Ehe, und haltet euch als Ehepartner die Treue." (Hebräer 13,4; HFA)

Wenn du willst, dass deine Ehe bleibt und trägt, achte sie, achte auf sie –
und verachte alles, was sie zerstört.
Sie ist es wert!

To Do:
Genieße, schweige, rede, ehre, kämpfe,
unter-stütze, tröste, …
gib alles!

MÖCHTEGERN

**Wenn Wünsche Gäule wären,
würden alle Bettler reiten.**
Unbekannt

Irgendwo hab ich diese Geschichte aufgeschnappt:
Ein junger Mann hatte einen Traum.
Er betrat einen Laden. Hinter der Ladentheke stand offensichtlich ein Engel.
Er fragte den Engel: „Was verkaufen Sie hier?"
Der Engel antwortete lächelnd: „Alles, was Sie sich wünschen."
Da fing der junge Mann sofort an zu bestellen. „Dann hätte ich gern:
eine wohlwollende Regierung in allen Ländern,
das Ende aller Kriege und des Terrorismus in der Welt,
bessere Bedingungen für die Randgruppen jeder Gesellschaft,
den Sieg der Wahrheit über die Falschheit, und …"
Da fiel ihm der Engel ins Wort und sagte: „Entschuldigen Sie, junger Mann.
Sie haben mich falsch verstanden. Wir verkaufen hier keine Früchte,
wir verkaufen nur den Samen."

Die „Frucht" ist die Erfüllung eines Wunsches.
Was aber ist der „Samen"?
Was müssen wir „pflanzen", damit etwas wächst?
Was muss in uns wachsen, damit etwas „blüht"?

Keine Ahnung, welche Antwort du auf diese Fragen hättest … die Antwort
der Bibel ist: *„Pflanzt Gerechtigkeit, dann sollt ihr dementsprechend auch gute
Früchte ernten."* (Hosea 10,12; NLB)

Hierbei geht es – wie immer in der Bibel – um die praktische Umsetzung der
Gerechtigkeit.
Umsetzen, was Gott will,
umstürzen, was kaputt macht,
umgehen, was blockiert,
umarmen, was heilt und befreit.
Liebevoll denken, ehrlich reden, heilsam handeln …
das ist die Saat, die „Früchte" bringt.

To Do:
Achte heute darauf, nichts Zerstörendes und Blockierendes zu säen!
Denn: *„Was der Mensch sät, das wird er auch ernten."* (Galater 6,7; NGÜ)

MÖGLICHKEITEN

Es ist eines der tiefsten Worte:
Bei Gott ist kein Ding unmöglich.
Gott ist die Möglichkeit aller Möglichkeiten.
Christian Morgenstern (1871-1914)

Ich habe vor Jahren ein paar Aussagen gefunden, die mich verblüfft haben:
- *„Das Telefon hat zu viele ernsthaft zu bedenkende Mängel für ein Kommunikationsmittel. Das Gerät ist von keinem Wert für uns"*, so 1876 eine interne Kurzinformation von Western Union, dem führenden Anbieter für Telegrafentechnik.
- *„Nein danke, dieses Auto ist eine Fehlkonstruktion"*, so sagte Henry Ford II., als ihm nach Kriegsende 1945 das Volkswagenwerk zur kostenlosen Übernahme angeboten wurde.
- *„Aber für was ist das gut?"*, so fragte ein Ingenieur von IBM, als er 1968 von der Erfindung des Mikrochips hörte.

Es gibt also mögliche zukünftige Entwicklungen,
       die jenseits unseres Vorstellungsvermögens liegen.
          Es gibt also mögliche zukünftige Ereignisse,
             die momentan unser Denkvermögen übersteigen.
Nimm das mal – auf dich und Gott bezogen – in dein Leben:
Es gibt mehr als das, was du denken kannst. Es wird auch in Zukunft mehr als das geben, was du dir jetzt vorstellen kannst.
Deshalb mach dir bewusst:
Nicht deine Denkmöglichkeiten sind entscheidend
    – Gottes Handlungsmöglichkeiten sind es.
Auch wenn du momentan einen Ausweg nicht denken kannst
    – Gott hat genügend Möglichkeiten, trotzdem tätig zu werden.

Ein geniales Beispiel aus der Bibel dazu … Abraham:
„Er vertraute dem Gott, der die Toten lebendig macht und der aus dem Nichts ins Leben ruft. Gott versprach Abraham: ‚Deine Nachkommen werden so zahlreich wie die Sterne am Himmel sein, und du sollst zum Stammvater vieler Völker werden.' Abraham glaubte diesen Worten, obwohl alles dagegen sprach." (Römer 4,17-18; HFA)

So möchte ich glauben!

To Do:
Nimm dir deine momentan größte Herausforderung
– und vertraue sie Gott an, indem du jetzt betest!

MÖNCH

Ein Mönch ist nirgends besser aufgehoben als im Kloster.
Deutsches Sprichwort

Von Mönchen können wir lernen ... auch wenn wir nie ein Kloster betreten werden. Heute mal nur eine Sache:

Das Gelübde eines Mönchs beinhaltet nach Kapitel 58 der Benediktregel die sogenannte „stabilitas", die Beständigkeit,

das Bleiben,

das Aushalten.

Benedikt von Nursia sah darin eine Gegenbewegung zur Völkerwanderung (die damals beängstigende Formen angenommen hatte), zur ständigen Bewegung, zur tiefen Unsicherheit seiner Zeit.
In erster Linie ging es ihm zwar um das Bleiben in der klösterlichen Gemeinschaft, aber dann auch um ein „Bleiben" in der Einsamkeit mit Gott.
„Stabilitas" heißt also:

Bei sich selbst bleiben,
die Zerstreuung vertreiben,
nicht vor sich selbst fliehen,
die eigene Wahrheit aushalten.

Viele Mönche haben erlebt, dass sie dadurch Gott begegneten,

freier wurden,

reifen konnten.

1200 Jahre vor Benedikt hat der biblische Prophet Jesaja die Menschen seiner Zeit aufgefordert:
„Durch Umkehr und Ruhe könntet ihr gerettet werden. Durch Stillsein und Vertrauen könntet ihr stark sein." (Jesaja 30,15)

1100 Jahre nach Benedikt hat der berühmte Mathematiker Blaise Pascal das für seine Zeit so formuliert: „Ich habe wiederholt gesagt, dass das ganze Unglück der Menschen daher kommt, dass sie nicht imstande sind, ruhig in ihrem Zimmer zu bleiben."

Kannst du das?
Willst du's mal testen?

To Do:
Probier heute aus, eine halbe Stunde allein zu sein!

MOGELPACKUNG

Heuchelei ist, wenn der Chef behauptet, dass es Unglück bringt, wenn er ein dreizehntes Monatsgehalt bezahlt.
Unbekannt

Pharisäer haben einen schlechten Ruf in der Bibel. Jesus nennt sie vielfach „Heuchler".

„Pharisäer" nennt man aber auch ein Getränk, das im Norden Deutschlands erfunden wurde. Entstanden ist der Pharisäer der Überlieferung nach auf der nordfriesischen Insel Nordstrand im 19. Jahrhundert. Damals amtierte dort der besonders strenge und asketische Pastor Georg Bleyer. Bei den Friesen war es deshalb Brauch, in seiner Gegenwart nur Kaffee zu trinken. Bei einer Taufe, so wird überliefert, bedienten sie sich einer List und bedeckten den mit Rum angereicherten Kaffee mit einer Sahnehaube. Die Sahnehaube verhinderte dabei, dass der Rum im heißen Kaffee verdunstete und es nach Alkohol roch. Selbstverständlich bekam der Pastor stets einen „normalen" Kaffee mit Sahne. Ob er wegen der immer heiterer werdenden Stimmung misstrauisch wurde oder versehentlich die falsche Tasse genommen hat, ist nicht bekannt.
Berühmt aber ist sein Ausspruch: „Oh, ihr Pharisäer!"

Wir definieren: Heuchelei ist, das wahre Wesen mit „Sahnehäubchen" zu bedecken. Schauspielerei nennt man das auch.
Wir „schauspielern" uns empfehlenswert,
hilfsbereit,
entspannt,
verständnisvoll,
und sogar fromm.

Aber: Welche Sahnehäubchen andere auch bei uns sehen – was darunter liegt ist das Wichtige. Im Verborgenen müssen wir glaubwürdig sein ... nicht nur im Sichtbaren.
Mit dem Herzen müssen wir glauben ... nicht nur mit Worten.
Gott sagt dazu:
„Ein Mensch sieht, was in die Augen fällt – ich aber sehe ins Herz."
(1. Samuel 16,7; HFA)

To Do:
Sei du selbst! Spiele anderen nichts vor!

MOMENT

Es gibt nichts Besseres für den Menschen,
als sich an dem zu freuen, was er isst und trinkt,
und das Leben trotz aller Mühe zu genießen.
Die Bibel in Prediger 2,24 (NLB)

Wer kann das eigentlich noch:
Den Moment genießen – bewusst da sein?
      Das Essen genießen – bewusst schmecken?
         Die Freundschaft genießen – bewusst feiern?
Trotz aller Mühe?

Hand aufs Herz:
Es ist nicht einfach, ganz gegenwärtig zu sein,
      ganz bei der Sache zu sein,
        ganz aufmerksam zu leben.

Mir hat der Erziehungsgrundsatz von Charles R. Swindoll geholfen.
Er schreibt in einem seiner Bücher, dass er seine vier Kinder nach einer einzigen, feststehenden Regel erzogen hätte:
„Das hat man nur einmal – das kommt nicht wieder."[11]
Mit anderen Worten: Jeder Moment ist wertvoll, weil er einzigartig ist.

Mit diesem Grundsatz lässt sich's gelassener und ausgelassener leben.

Schwere Augenblicke werden dann dein Leben vertiefen,
      dich wachsen lassen,
        dein Verhalten nahbarer machen.
Unbeschwerte Momente werden dann dein Leben entkrampfen,
          lockern,
           befreien.

To Do:
Genieße das Wunder des Moments!
Freue dich an der Einzigartigkeit des Augenblicks!
Trotz aller Mühe!

Ein großer Mann
ist ein kleiner Mann,
der etwas als Erster tut.

Benjamin Franklin (1706-1790)

MOMENTAN

Gott redet, auch wenn er schweigt.
Deutsches Sprichwort

Es sind nicht die schönsten Zeiten des Lebens, wenn wir den Eindruck haben,
dass Gott sich ausschweigt,
    dass wir keinen (Aus-)Weg mehr sehen,
        dass wir keine Hoffnung mehr haben,
            dass in uns alles dunkel ist.
Wir warten darauf, dass Gott eingreift, handelt, sich meldet.
Gott aber … schweigt.
Momentan zumindest.

Diese Erfahrung ist nichts Ungewöhnliches im christlichen Leben, millionenfach durchlitten, durchwartet, durchlebt.

Vielleicht hilft dir folgender Gedankengang:
Nicht immer redest du … auch wenn du da bist. Heißt: Schweigen ist kein
Beweis für Abwesenheit! Es kann doch gut sein, dass Gott beschlossen hat,
momentan zu schweigen – aber immer noch genauso anwesend ist wie bisher.

Vielleicht, vielleicht kannst du dich ja im Lauf der Zeit zu den Worten hin-
reißen lassen, die ein vor den Nazis versteckter Jude während des Zweiten
Weltkriegs an die Wand eines Kellers schrieb:

Ich glaube an die Sonne, auch wenn sie nicht scheint.
Ich glaube an die Liebe, auch wenn ich sie nicht spüre.
Ich glaube an Gott, auch wenn er schweigt.

Gott wird nicht für immer schweigen!
Momentan vielleicht … aber sicher nicht für immer. Auch das ist millionenfach erlebt.

To Do:
Hör nicht auf, mit Gott zu reden –
auch wenn er schweigt!

MONOLOG

Beten heißt, die Gegenwart Gottes erleben.
Franz von Sales (1567-1622)

Die meisten frommen Menschen würden vermutlich folgende Aussage unterschreiben: „Gottes Worte sind wichtiger als unsere Worte."
Wenn Gottes Worte wirklich entscheidend sind, dann müssten doch eigentlich unsere Worte weniger werden, oder? Beim Beten allerdings tut man(n), als sei es anders herum: wir reden, Gott hört.

Der große Kirchenvater Augustinus vervollständigt diese Gedanken:
„Bete so kurz und so vollkommen wie möglich! Die Sehnsucht betet stets, auch wenn die Zunge schweigt. [...] Viel Liebe, nicht viele Worte, wenn du betest."[12]

Gebet lebt nicht in erster Linie von den Worten des Menschen. Gebet ist kein Monolog!
Gebet ist „viel Liebe", „tief-greifende Beziehung", „einzig-artige Begegnung".

Dazu gehören alle Facetten, die Liebe, Beziehung, Begegnung haben kann:
Zusammen-Sein,
     Zuhören,
        Fragen,
           Schweigen,
             Reden,
               Ausruhen,
                Erleben,
                 Fühlen,
                Genießen.

Übrigens: Das hebräische Wort für Gebet bedeutet so viel wie „wechselseitig miteinander Gemeinschaft haben" ... und das ist wahrlich mehr als Zu-Gott-Reden, mehr als Monolog.
Passt 100prozentig!

To Do:
Frag mal andere Christen, was für sie zum Beten gehört!
Frag sie auch, ob und wie sie ohne Worte beten!

MONOPOLY

Man kann gar nicht oft genug im Leben das Gefühl des Anfangs in sich aufwecken.
Rainer Maria Rilke (1875-1926)

„Rücke vor bis auf Los!"
Wo gibt's denn so was – außer bei Monopoly?
Vorwärts gehen an den Anfang?
Man(n) geht doch zurück zu einem Startpunkt … eigentlich.

Die Wahrheit dahinter:
Noch mal von vorn beginnen wird dich entscheidend voranbringen.

Unendlich viele Menschen wünschen sich sehnlichst einen Neuanfang …
mehr als einmal im Leben!
Der Not-Verursacher,
    der Fremd-Geher,
        der Egal-Denker,
           der Liebes-Entzieher,
               der Falsch-Urteiler,
                  der Trieb-Täter,
                    der Hoch-Mütige,
                       der Selbst-Gerechte …
… jedermann!

Die Bibel hat für das „Vorrücken auf Los" ein weltweit gültiges Angebot,
bedingungslos,
    grenzenlos,
        endlos: VERGEBUNG.
Das meint: Bei Gott kannst du dir Verletzungen heilen lassen,
                    Verhärtungen lösen lassen,
                      Verfehlungen vergeben lassen!

Willst du?
Dann: LOS!

To Do:
Lass Gott dein GESTERN klären!
Fang HEUTE ganz neu an!

MONOTONIE

Gegen die Langeweile und Öde des Lebens gibt es nichts Besseres als anderen zu dienen.
Carl Hilty (1831-1909)

Kennst du das auch?
Dass du sinnlosen Beschäftigungen nachgehst,
    dass du dich nicht zu Sinnvollem aufraffen kannst,
        dass du oft an nichts Freude verspürst,
            dass du ständig die Zeit „vertreibst",
                dass du mehr schläfst als nötig,
                    dass du an Antriebslosigkeit leidest,
                        dass du viel zu oft Heißhunger hast.

All das sind deutliche Zeichen, dass du gerade mit Langeweile kämpfst.
Da ist etwas aus dem Gleichgewicht geraten ... vermutlich du selbst!

Das Ende der Langeweile beginnt mit Engagement!

Also:
Setz dich in Bewegung, statt liegen zu bleiben!
    Tu was für Hilfs-Bedürftige, statt nur für dich!
        Diene anderen, statt dich von ihnen bedienen zu lassen!
            Opfere deine Zeit, statt sie zu vertreiben!

Und fang nicht mit einem Weit-Sprung,
sondern mit einem kleinen Schritt an.

So wird Zeit kostbar,
    lange Weile wird kurz,
        dein Alltag sinnvoll.

To Do:
„Wenn sich dir die Gelegenheit bietet, etwas zu tun,
dann tu es mit vollem Einsatz!" (Die Bibel in Prediger 9,10)

MORAL

Das Gute besteht ganz im Tun und nicht im Urteilen.
Dietrich Bonhoeffer (1906-1945)[13]

Mehr als 70 Jahre ist es her, dass Dietrich Bonhoeffer kurz vor Kriegsende gehängt wurde. Bonhoeffer war einer unter vielen, die in diesen Tagen getötet wurden … und doch berühren und prägen seine Gedanken noch heute unzählige Menschen.

Folgender Gedanke zum Beispiel:
„Urteilen", das war Bonhoeffers Überzeugung, „führt immer zur Entzweiung". Wenn ein Mensch nicht unseren menschlich-moralischen Erwartungen entspricht, beginnen wir gnadenlos zu urteilen,
gefolgt vom ver-urteilen.

Jesus, mein großes Vorbild, ist da anders:
„Ihr urteilt und verurteilt nach menschlichen Maßstäben; ich verurteile niemand."
(Johannes 8,15; GNB)

Jesus, der Verurteiler des Urteilens, verurteilt keinen Menschen.

Mir fällt dazu seine Begegnung mit einer Frau ein, die für damalige Verhältnisse moralisch inakzeptabel war. Er begegnete ihr an dem berühmten Jakobsbrunnen und – jetzt kommt es – bietet ihr „lebendiges Wasser" an (Johannes 4,10), so als ob er ihr sagen wollte: „Wie durstig musst du sein!"
Sein Angebot: „Wer von dem Wasser trinkt, das ich ihm geben werde, wird niemals mehr durstig sein."
Völlig verurteilungsfrei,
  bedingungslose Annahme,
    befreiendes Angebot.

Jesus lebt es vor:
Nicht moralische Empörung ist not-wendig, sondern aktive Zuwendung.
  Nicht urteilende Kritik bringt Veränderung, sondern liebendes Handeln.

To Do:
Eigne dir die Sichtweise von Jesus an! Nimm den Durst wahr, der hinter den Handlungsweisen deiner Mitmenschen steht! Richte nicht – richte auf!

MORGEN

Quält euch nicht mit Gedanken an morgen;
der morgige Tag wird für sich selber sorgen.
Es genügt, dass jeder Tag seine eigene Last hat.
Die Bibel in Matthäus 6,34 (GNB)

Mal lieben wir die Gedanken an morgen – mal quälen sie uns.
  Mal freuen wir uns auf den nächsten Tag – mal fürchten wir ihn.

Jemand hat mal gesagt: „Ich habe viele Befürchtungen in meinem Leben
gehabt – und die meisten sind nie eingetroffen."
Heißt: sich sorgen ohne konkreten Anlass ist sinnlos.

Solche Sorgen sind Gedanken-Spiele,
                    Was-wäre-wenn-Gedanken:
Was wäre, wenn der Arzt bei der Vorsorgeuntersuchung etwas Schlimmes
feststellte?
Was wäre, wenn ich heute in einen Unfall verwickelt würde?
Was wäre, wenn mein Flugzeug abstürzen würde?
Was wäre, wenn ...?

Diese Gedanken-Spiele lähmen dein Leben, da kannst du sicher sein!

„Echte" Sorgen hast du, wenn bereits etwas Schlimmes festgestellt wurde,
                    ein Unfall passiert ist.
                        eine Katastrophe eingetreten ist.

Die Vorstufe dazu solltest du nicht Sorgen nennen ...

Und wenn dich dann wirklich mal Sorgen quälen –
tu, was dir in der Bibel empfohlen wird:
„Alle eure Sorgen werfet auf ihn (Gott), denn er sorgt für euch." (1. Petrus 5,7; LUT)

To Do:
Vermeide Gedanken-Spiele!
Bei Sorgen: Gib sie an Gott ab!

MORGENSTUND

… hat Gold im Mund.
Deutsches Sprichwort

Warum eigentlich „Morgenstund"? Was ist am Morgen denn wertiger?
Ich persönlich finde die Mittage effektiver,
     die Abende goldener,
       die Nächte faszinierender.

Natürlich ahne ich, was das Sprichwort meint:
Wie ich den Tag beginne, wird meinen Alltag bestimmen.
 Womit ich frühmorgens meine Gedanken fülle, wird ganztags mein
 Denken prägen.
  Worauf ich morgens höre, wird später mein Reden und Schweigen
  steuern.
Der Kirchenvater Augustinus hat das bereits im 4. Jahrhundert formuliert:
„Die erste Morgenstunde ist das Steuerruder des Tages."

Da ist schon was dran.
In allen Lagen des Lebens ist es entscheidend, mit welchen Taten ich beginne,
      welche Vorzeichen ich setze,
      welche Haltung ich eintakte.
Die ersten Schritte,
 die ersten Gedanken,
  die ersten Handlungen,
   die ersten Worte katapultieren uns in den Tag.
Deshalb müssen wir sie bewusst planen.

Ich wünsche dir, was schon ein alter irischer Segenswunsch ausdrückte:
„Möge das erste gute Wort, das du am Morgen sprichst, eine Brücke sein
in den jungen Tag."

To Do:
Achte in allem auf deine ersten Gedanken,
deine ersten Worte, deine ersten Schritte!
Plane deine Anfänge!

MOSAIK

Was nicht ist, kann ja noch werden.
Johann Wolfgang von Goethe (1749-1832)

Ein Mosaik wächst.
                    Teil für Teil.
                            Bis irgendwann ein schönes Bild entsteht.
Ein Bild fürs Leben.
Wir sind ein Leben lang unvollständig,
                            unvollkommen,
                                unfertig.
Wir sind am „Werden".
Martin Luther drückt das in Bezug auf den Glauben so aus:
   Das Leben ist nicht ein Frommsein, sondern ein Frommwerden,
          nicht eine Gesundheit, sondern ein Gesundwerden,
              nicht ein Sein, sondern ein Werden,
                  nicht eine Ruhe, sondern eine Übung.
   Wir sind's noch nicht, wir werden's aber.
   Es ist noch nicht getan oder geschehen, es ist aber im Gang und im Schwang.
   Es ist nicht das Ende, es ist aber der Weg.

Weise Worte.
Wir sind ein Leben lang am Wachsen,
                        am Weitergehen,
                        am „Werden".
So wird das Bild Teil für Teil und Tag für Tag immer vollständiger und schöner.

Schluss mit der Perfektionismus-Sucht!
    Schluss mit den Vollkommenheits-Forderungen!
        Schluss mit den Überheblichkeits-Wahn!
Wir sind's noch nicht – wir werden's aber!

To Do:
Überlege, wie das Bild deines Lebens „werden"
soll und worin du wachsen willst!

MOTIV

Behüte dein Herz mit allem Fleiß, denn daraus quillt das Leben.
Die Bibel in Sprüche 4,23 (LUT)

Das Entscheidende des Lebens ist nicht offensichtlich, sondern verborgen.
Es liegt nicht an der Oberfläche, sondern darunter. Das wirklich Wichtige ist
nicht, was alle Menschen sehen können, sondern, was wir im Innern mit uns
tragen – unsere Motive.

JederMann hat tief liegende Motive, die niemand sieht und niemand erahnt.
Was wissen wir schon voneinander? Doch nur, was äußerlich zu sehen oder
zu hören ist.
Was wir wirklich sind
　　sieht man nicht an unserer Kleidung oder unseren Taten,
　　　　hört man nicht durch unser Reden,
　　　　　　riecht man nicht an unserem Aftershave.
– was wir wirklich sind, ist unter der Oberfläche unseres Lebens verborgen.
Wir Männer verwenden viel Energie unseres Lebens, an Äußerlichkeiten zu
arbeiten und zu flicken. Das ist vordergründig vielversprechend, weil Erfolge
schnell wahrzunehmen sind.
Viel lieber kümmern wir uns um unsere Gärten, als um unser inneres
Wachstum.
Viel lieber schaffen wir uns Strukturen für Arbeitsabläufe, als Strukturen für
unser Innenleben.

Wie wär's damit, wenn wir heute beginnen würden,
　　tiefer zu schürfen,
　　　　auf die Gesundheit unserer Seele zu achten,
　　　　　　andere nicht nur nach Sichtbarem zu beurteilen,
　　　　　　　　vor anderen echter zu werden.

To Do:
Sieh tiefer – bei dir selbst und bei anderen!

MOTIVATION

Jeder Mensch braucht Motivation, um handeln zu können.
Unbekannt

Was beflügelt dich?
    Was treibt dich an?
        Was motiviert dich dazu, morgens aufzustehen,
                        mittags weiterzumachen,
                        abends wachzubleiben?

Denken wir mal vom Gegenteil her:
Was demotiviert dich eigentlich? Was macht deine Motivation kaputt?

Kennst du die Fabel vom Wettlauf der Frösche?
Die geht ungefähr so:
Eines Tages veranstalteten die Frösche einen Wettlauf. Ziel war der höchste Punkt eines Turms. Der Wettlauf begann. Nun war es aber so, dass keiner der zuschauenden Frösche wirklich daran glaubt, dass auch nur ein einziger Frosch das Ziel erreichen könnte.
Statt die Läufer anzufeuern, riefen sie: „Sie werden es nie schaffen!" oder „Das ist einfach unmöglich!"
Nach und nach gaben immer mehr Frösche auf. Und die Froschzuschauer schrien weiter: „Das schafft ihr nie!"
Bald hatten alle Frösche aufgegeben ... alle, bis auf einen einzigen, der Stufe für Stufe weiterkletterte, bis er endlich das Ziel erreichte.
Einer der Frösche, der aufgegeben hatte, näherte sich ihm, um zu fragen, wie er das schaffen konnte. Als er ihn ansprach, merkte er erst, dass dieser Frosch taub war!

Verstehst du?
„Die Worte mancher Leute sind wie Messerstiche." (Die Bibel in *Sprüche 12,18; GNB*)
Bleib taub für entmutigende, destruktive, hoffnungszerstörende Worte. Öffne deine Ohren für wertschätzende, herausfordernde, motivierende Aussagen.

To Do:
Vollende folgende Satzanfänge!
„Mich motiviert, wenn ..."
„Mich demotiviert, wenn ..."

Es gibt keine größere
Enttäuschung, als wenn
du mit einer recht großen
Freude zu gleichgültigen
Menschen kommst.

Christian Morgenstern (1871-1914)

MOTTO

Die wichtigsten Dinge im Leben sind keine Dinge.
Unbekannt

Wenn nichts mehr zählt
        ... was ist die Essenz deines Lebens?
  Wenn du am Ende bist
         ... was bleibt dir dann noch?
Was ist das Motto deines Lebens?

Eine Motto-Möglichkeit lernte ich von dem Jesuiten Alfred Delp, der sich im zweiten Weltkrieg für verfolgte Juden einsetzte. Delp wurde 1944 festgenommen, schwer misshandelt und gefoltert. Im Januar 1945 wurde er zum Tod verurteilt und gehängt. Sein Leichnam wurde verbrannt, seine Asche auf Feldern verstreut und die Veröffentlichung einer Todesanzeige verboten. In einer geheimen Nachricht, die er in seiner Todeszelle versteckt hatte, spricht er von seinem Lebensmotto:

> *„Das eine ist mir so klar und spürbar wie selten:*
> *Die Welt ist Gottes so voll.*
> *Aus allen Poren der Dinge quillt er gleichsam uns entgegen.*
> *Wir aber sind oft blind.*
> *Wir bleiben in den schönen und bösen Stunden hängen*
> *und erleben sie nicht durch bis an den Brunnenpunkt,*
> *an dem sie aus Gott herausströmen.*
> *Das gilt für alles Schöne und auch für das Elend.*
> *In allem will Gott Begegnung feiern*
> *und fragt und will die anbetende, hingebende Antwort.*
> *[...] Dann wird das Leben frei in der Freiheit, die wir immer gesucht haben."*

Was er sagen will:
Gott ist überall da („Die Welt ist Gottes so voll") – wir sind es, die auftauchen.
Gott will mit uns zusammen sein („In allem will Gott Begegnung feiern") – damit wir befreit werden.

To Do:
Was ist dein Lebensmotto?
Schreib es auf!

MÜDE

Das Leben: ein langes Verfahren, müde zu werden.
Samuel Butler der Jüngere (1835-1902)

Eines Morgens brach ich zusammen. Völlig überraschend. Ich erkannte mich
selbst nicht mehr ... mein Arbeitsrhythmus war ab sofort:
zwei Stunden arbeiten – völlig erschöpft und müde sein,
     zwei Stunden schlafen – voller Tatendrang wieder arbeiten gehen.
Und das über Monate.
Ich hatte mich völlig überfordert. Müde,
                    kraftlos,
                      ausgelaugt.

Und das Schlimmste:
Freunde hatten mich gewarnt
     – und ich war taub gewesen.
Sie hatten Negatives an meinem Verhalten entdeckt
     – und ich konnte alles widerlegen (obwohl sie in allem Recht hatten).
Erschreckend!

Die darauf folgenden Monate waren geprägt von dem tiefen Blick nach innen:
Wie viel Mühe hatte ich mir gemacht, Anerkennung zu bekommen,
                mir meinen Wert zu beweisen,
                 mein Ego mit Gelingen zu füttern!
Der Ausweg: Das Leben neu ordnen!
Das war mühsam – aber heilsam.

Ob ihr's glaubt oder nicht – entscheidend für mein „Wach-Werden" waren
folgende Faktoren:
   ... regelmäßige Bewegung,
    ... gesunde Ernährung,
     ... ausreichend Schlaf,
      ... ausgiebige Zeiten des Nach-Denkens,
       ... intensive Pflege meiner Beziehungen
        – inklusive der Beziehung zu Jesus Christus.
So wird man(n) wach!

To Do:
Fang heute an, einen der oben genannten
Faktoren umzusetzen!

MÜHE

Haushalten mit der Kraft, Haushalten mit der Zeit;
mit solcher Kunst bringt's auch ein kurzes Leben weit.
Friedrich Wilhelm Güll (1812-1879)

Es ist schon manchmal mühevoll, das Leben. Da ist so viel, was wir jeden Tag
unter einen Hut bringen müssen. So viele Termine,
                                        so viel Unvorhergesehenes,
                                    so viele Begegnungen,
                                        so viele einsame Kämpfe,
                                    so viel Beschwerendes,
                                        so viel Kraftraubendes.
Woher die Zeit und die Kraft dafür nehmen?

Vielleicht hilft dir diese Sicht:
Hör auf, deine Zeit zu ordnen – fang an, deine eigene Kraft zu managen!
Viele Männer scheitern am Zeitmanagement, weil sie ihre Kräfte überschätzen.
Schon allein diese Blickänderung hilft zum besseren Planen.
Stell dir bei allen Planungen folgende Fragen:
Entsprechen die Termine meinen Kräften?
     Wie kann ich effizient mit meinem Energiehaushalt umgehen?
          Wann ist Zeit dafür, meine Kraft zu erneuern?
               Wie erhole ich mich und gewinne neue Energie?

Und für die Zeiten, wo ohne unser Verschulden die Kraft verschwindet …
     durch Krankheit,
          Schicksalsschläge,
               Anfeindungen,
                    übermäßige Belastung –
da gilt, dass wir noch eine weitere Kraftquelle haben können, wenn wir
mögen: Kraft durch Gott.
„Gott, dem alle Macht und Herrlichkeit gehören, wird euch mit der ganzen Kraft aus-
rüsten, die ihr braucht." (Kolosser 1,11; NGÜ)

To Do:
Plane für morgen deine Kraft!

MÜSSIGGANG

Mische deine Arbeit mit Müßiggang
und du wirst niemals verrückt.
Sprichwort aus Rumänien

Viele von uns Männern haben nicht mehr unsere Arbeit –
unsere Arbeit hat uns.
Je härter wir schuften,
   je mehr wir um uns schlagen,
      je erschöpfter wir nach Hause kommen, ... desto anerkannter sind wir.
Über Erschöpfung und Herzinfarkt sprechen wir, als sei das der Schritt
in eine neue Dimension des Daseins, die Aufnahme in den Adelsstand
der Ruhelosen.
Genüsslich reden wir von unserer Arbeitsfülle,
          unserer Ruhelosigkeit,
            unserer Müdigkeit.
Unser Handy ist nie ausgeschaltet. E-Mails liegen nie länger als 12 Stunden
im Eingangsfach. Wer freie Tage hat, muss sich per Abwesenheitsnotiz bei
allen entschuldigen.
Endlos.
    Ruhelos.
        Hoffnungslos?

Versuch mal Folgendes:
Fülle deinen Alltag – auch die stressigen Zeiten – mit kleinen, bewussten
Augenblicken der „Muse" (von diesem Wort kommt „Müßiggang"):
Genieße die Tasse Kaffee oder den Tee in der Pause,
   genieße bewusst die Natur, durch die du gehst oder fährst,
      genieße bewusst die Wege zwischen deinen Terminen,
         genieße jeden Augenblick, deine Arbeit, deine Begegnungen.

Das entspricht dem, was der weise König Salomo mal so zusammengefasst
hat: *„Ich bin zu der Erkenntnis gekommen: Das Beste, was der Mensch tun kann, ist,
sich zu freuen und sein Leben zu genießen, solange er es hat."* (Prediger 3,12; GNB)

To Do:
Zieh das Schöne aus deiner Arbeit, deinen Pausen,
deinen Begegnungen!

MUNDWERK

Unter Schwätzern ist der Schweiger der Klügste.
Deutsches Sprichwort

Die Mönche der ersten Jahrhunderte in der Wüste erzählten sich Folgendes:
Ein Bruder fragte des Altvater Tito: „Wie kann ich mein Herz bewahren?" Der
Greis antwortete ihm: „Wie können wir unser Herz bewahren, wenn Mund und
Bauch offen stehen?"

Mit heutigen Worten:
Unser Herz bleibt nur bewahrt, wenn wir Schweigen und Fasten lernen.

Heute mal nur ein paar Sätze über's unser „Mundwerk":
Wie soll denn Schweigen bewahrende Wirkung haben? Und wovor schützt es?
Ich habe gelesen: Schweigen war für diese Mönche der Weg, frei zu werden
vom ständigen Beurteilen und Verurteilen anderer Menschen. Wer sich das
Reden über andere verbietet, bringt sein Herz zur Ruhe.
Das äußere Schweigen hilft, so können wir lernen,
    dass unser Herz still wird,
        Empörung zur Ruhe kommt,
            Emotionen sich legen.

Genau so wie eine trübe Flüssigkeit sich „klärt", wenn sie zur Ruhe kommt.

Ein Seufzer zu Gott für jeden Tag deines Lebens:
„Stelle eine Wache vor meinen Mund, Herr." (Die Bibel in Psalm 141,3; NGÜ)

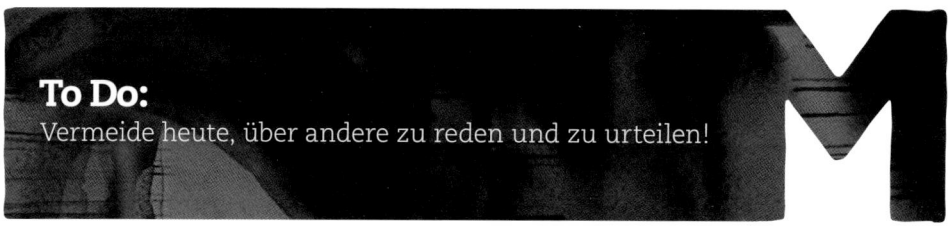

To Do:
Vermeide heute, über andere zu reden und zu urteilen!

MURMELN

Wäre Gott nicht, ich könnte im Leben nichts Lohnenderes erblicken, als in diesem Irrtum zu leben – er wäre. Dieser Irrtum wäre größer als alle Wahrheiten und Wirklichkeiten.
Jochen Klepper (1903-1942)

Es ist nicht das erste Mal, dass mich folgende Geschichte zum Fragen bringt:

Ein Gelehrter suchte einst einen Rabbi auf, um ihm seinen Glauben auszureden. Als er sich dem Haus näherte, hörte er ein sonderbares, sehr intensives Murmeln. Als er ins Wohnzimmer trat, blieb er betroffen stehen, denn das Gesicht des Rabbi zeigte einen ungewöhnlich tiefen Ernst, dass ihm die Knie weich wurden. Der Rabbi murmelte unaufhörlich einen Satz: „Vielleicht aber ist es wahr. Vielleicht aber ist es wahr." Was der Rabbi meinte, war dem Besucher rasch klar. Es ging darüber, ob Gott sei oder nicht. Daraufhin bot der Gelehrte seine ganze intellektuelle Kraft auf, um dem Rabbi seinen Glauben an Gott auszureden. Doch dessen tiefernstes Wort „Vielleicht aber ist es wahr" zog durch die kalten Fassaden seines Verstandes hindurch und brach schließlich dessen Widerstand.

Ein paar Fragen für die, die bisher (noch) nicht an Gott glauben:
Was, wenn Gott wirklich wäre? Was, wenn es wahr wäre, dass er lebt,
dass er liebt,
dass er vergibt?
Was müsste geschehen, dass du dich darauf einlässt?

Ein paar Fragen für die, die momentan (noch) fest an Gott glauben:
Was, wenn Gott nicht wirklich wäre?
Was, wenn es nicht wahr wäre, dass er lebt,
dass er liebt.
dass er vergibt?
Was würde das in deinem Leben verändern?

Je älter ich werde, desto klarer wird mir:
Ein Glaube, der keine überhebliche Sicherheit vorspielt, sondern dem „Vielleicht aber ist es wahr" Raum gibt, ist nicht schwach, sondern stark. Ein täglich von uns zu prüfendes Versprechen von Gott heißt: *„Wenn ihr mich von ganzem Herzen sucht, werde ich mich von euch finden lassen."* (Jeremia 29,13 GNB)

To Do:
Suche Gott! Lass dich nicht von Zweifeln ablenken!

MUSKELMANN

Wer stark ist, kann sich erlauben, leise zu sprechen.
Theodore Roosevelt (1858-1919)

Wenn wir von einem starken Mann sprechen, denken wir an Muskelpakete.
Wenn wir aber von einer starken Frau sprechen, denken wir an mentale
Stärke. Eigenartig, oder?

Wer ist nun eigentlich stark? Ein paar Antwortversuche:
Stark ist nicht, wer immer kraftvolle Reden schwingt ...
 stark ist, wer nicht prahlen muss, um anerkannt zu sein!
Stark ist nicht, wer alles kontrollieren kann ...
 stark ist, wer seine Kraft nicht für Dinge einsetzt,
 die er nicht kontrollieren kann!
Stark ist nicht, wer zu allem Ja sagt ...
 stark ist, wer souverän Nein sagen kann.
Stark ist nicht, wer sich selbst wichtig nimmt ...
 stark ist, wer sich selbst nicht bedauert.
Stark ist nicht, wer sich nicht verändert ...
 stark ist, wer Veränderung als Herausforderung annimmt.
Stark ist nicht, wer viele Menschen beeindruckt ...
 stark ist, wer es nicht allen recht machen will.
Stark ist nicht, wer nie einen Fehler macht ...
 stark ist, wer denselben Fehler nicht immer wieder macht.
Stark ist nicht, wer nie scheitert ...
 stark ist, wer nach Misserfolgen nicht aufgibt.
Stark ist nicht, wer nie schwach ist ...
 stark ist, wer aus seiner Schwäche stark wird.

Da fällt mir ein: Der Apostel Paulus behauptet in der Bibel:
„Gerade dann, wenn ich schwach bin, bin ich stark." (2. Korinther 12,10; NGÜ)
Er bezieht das auf eine Aussage Gottes, der behauptet hatte:
„Meine Kraft kommt gerade in der Schwachheit zur vollen Auswirkung." (2. Korinther
12,9; NGÜ) Das hört sich paradox an ... ist aber jahrhundertelang und
millionenfach auf Richtigkeit und Alltagstauglichkeit geprüft worden –
und als wahr festgeschrieben.

To Do:
Schreibe für dich weiter: „Stark ist nicht, wer ... Stark ist, wer ...!"

MUSKELN

Der Muskel wird durch starken Gebrauch gestärkt [...]. Also übe
man seine Muskeln durch jede angemessene Anstrengung.
Arthur Schopenhauer (1788-1860)

Training ist alles!
Muskeln verkümmern, wenn sie nicht beansprucht werden.
So auch im Leben.
Gute Gewohnheiten müssen etabliert werden,
                              für schlechte musst du nichts tun.
Hilfreiche Rituale müssen erlernt werden,
                              schädliche entwickeln sich von alleine.
Deshalb gehören Nein-Sagen, Verzicht-Üben, Ausdauer-Lernen, Geduld-Haben
und Schweinehund-Bekämpfen immer zu einem effektiven Training.

Man(n) muss trainieren, um zu wachsen,
                              um zu widerstehen,
                              um zu schützen.

Eine weitere Art von Training wird in der Bibel empfohlen:
„Übe dich darin, so zu leben, dass Gott geehrt wird!" (1. Timotheus 4,7; NGÜ)
Gemeint ist:
Man(n) muss auch trainieren, um vorbildlicher zu werden,
                              um aussagekräftiger zu werden,
                              um ehrfurchtsvoller zu werden,
                              um liebevoller zu werden.

Du wirst im Leben erfolgreicher sein, wenn du dein Haupt-Augenmerk auf
dieses Training legst. Hier ist dein Übungs-Feld ... nicht in erster Linie auf
dem Trainingsgelände oder im Fitnesstempel.

To Do:
Frage dich: Was muss ich trainieren, um vorbildlicher
und meinem Glauben entsprechend zu leben?
Tausche dich darüber mit einem/r „Vertrauten" aus!

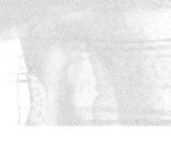

Was keine Pause kennt, ist nicht dauerhaft.

Ovid (43 v. Chr.-17 v. Chr.)

MUSKETIER

Einer für alle, alle für einen.
Sprichwort

… so lautet der Schwur der Musketiere.
Freunde stehen zueinander, helfen einander, lassen einander nicht im Stich.
„Einander" … das Gegenteil von „ein Anderer".
    „Gemeinsam" … das Gegenteil von „einsam".
Freundschaft wächst im gemeinsamen Weg,
                im gemeinsamen Kämpfen … Mit-Kämpfen,
              im gemeinsamen Feiern … Mit-Feiern,
            im gemeinsamen Leiden … Mit-Leiden.
Mit der Öffnung unserer Existenz für Freunde entsteht eine gemeinsame
Geschichte.

Das verbindet,
    schweißt zusammen,
        lässt Vertrauen und Vertrautheit wachsen.
Das beschenkt,
    kostet aber auch.

Und noch ein abschließender Gedanke:
Freundschaft lebt von Verantwortlichkeit … aber auch von Freiheit.
Wir geben uns ganz für unsere Freunde … geben sie aber auch frei.
Dietrich Bonhoeffer schreibt in irgendeinem seiner Bücher von der Wichtig-
keit, *„dass ich den anderen freigeben muss von allen Versuchen, ihn mit meiner Liebe*
zu bestimmen, zu zwingen, zu beherrschen."

In diesem Sinn:
Freundschaft leben
                heißt
                    Freiheit geben.

To Do:
Gib deine Freunde frei … und halte trotzdem fest zu ihnen!

MUSTERUNG

Richtet nicht, damit ihr nicht gerichtet werdet.
Die Bibel in Matthäus 7,1 (LUT)

Wir haben eine unbändige Neigung, alles und jeden zu bewerten,
    alle Eigenschaften und Lebensweisen eines Menschen zu mustern.
Wir maßen uns an zu wissen, wer das Herz am richtigen Fleck hat
und wer nicht,
    das tiefe Innere eines Menschen zu verstehen und zu bewerten.
Wir ordnen Menschen um uns, in unserer Kirche und im beruflichen Umfeld
in die unterschiedlichsten Schubladen.

Wir können manchmal gar nicht anders.
Es ist wie eine Sucht,
    eine schwere Form der Selbst-Sucht.

Wir stellen uns dadurch selbst höher als andere ...,
aber wir sind's in Wahrheit ja gar nicht!
Wir sind nicht höher,
    wir sind nicht besser,
        wir sind nicht liebevoller als andere!

Das Urteilen über andere ist meist ein Zeichen dafür, dass man(n) sich selbst
noch nicht wahrhaftig begegnet ist.
Während wir verurteilend über andere nachdenken oder reden, spüren wir
unbewusst ja doch, dass wir selbst auch nicht perfekt sind.
Ständige kritische Musterung anderer Menschen, anderer Christen, lenkt
uns davon ab, dass wir selbst auch änderungsbedürftig sind.

To Do:
Verbiete dir heute, schlecht über andere Menschen zu reden!

MUT

Seid mutig und seid stark!
Die Bibel in 1. Korinther 16,13 (LUT)

Unser Alltag birgt die Gefahr, dass wir situationsweise „heimlich" leben.
Wir sagen nichts gegen Unrecht, weil wir Angst haben, etwas zu verlieren.
Vielleicht unsere Ehre,
    unsere Unabhängigkeit,
        unsere bequemen Stunden, ...

Manchmal bleiben wir im Hinter- oder Untergrund, weil wir Angst vor
Gegenwind haben. Gut nachzuvollziehen. Aber feige!
Heimlich leben macht bedeutungslos.
    Heimlich leben macht wirkungslos.
        Heimlich leben macht auch hilflos.

Außerdem widerspricht es dem Wesen des christlichen Lebens, heimlich zu
sein. So hat der Glaube keine Wirkung. Er bringt mir selbst nichts – er bringt
auch sonst niemandem etwas.
Klares,
    öffentliches,
        wahrhaftiges,
            bekennendes Leben dagegen hat immer Folgen und Wirkungen.

To Do:
Lebe deine Überzeugungen öffentlich!
Verschweige nicht, was dir wichtig ist!

MUTMACHER

Kein Mensch kann den anderen von seinem Leid befreien;
aber er kann ihm Mut machen, das Leid zu tragen.
Selma Ottiliana Lovisa Lagerlöf (1858-1940)

Mut brauchen wir nicht in leid-losen Zeiten,
nicht in fried-vollen Zeiten.
Mut brauchen wir immer dann, wenn wir in Gefahr sind, aufzugeben,
wenn wir Ausdauer und Geduld brauchen.
Und weil das Leben nie immer leid-los und fried-voll ist, braucht diese Welt
nichts nötiger als Mutmacher. JederMann sollte einer sein!
Mut-Macher sind Hoffnungs-Träger,
Geduld-Förderer,
Glücks-Bringer.
Das brauchen unsere Kinder, unsere Partner, unsere Freunde,
unsere Kollegen ... alle Menschen, mit denen wir leben. Wir selbst auch!

Wie aber werden wir zu Mut-Machern?

Ein Weg für gott-gläubige Menschen beschreibt der Apostel Paulus:
„Auch, wenn ich viel durchstehen muss, gibt Gott mir immer wieder Mut.
Darum kann ich auch anderen Mut machen, die Ähnliches durchstehen müssen."
(2. Korinther 1,4; GNB)

Die Wahrheit dahinter:
Wer ermutigt ist, kann ermutigen.
Wer beschenkt ist, kann weiterschenken.
Wer freundliche Worte gehört hat, kann freundlich reden.
Für mein Leben stimmt das so:
Wer sich Gott aussetzt, hat die besten Chancen, zum Mut-Macher zu werden.

To Do:
Wer braucht heute deine mut-machenden Worte?

MYSTERIUM

**Die Geheimnislosigkeit unseres modernen Lebens
ist unser Verfall und unsere Armut.**
Dietrich Bonhoeffer

Unsere Welt duldet keine Geheimnisse!
Alles Unerklärliche wird erforscht,
      alles Bezweifelte wird bewiesen,
          alles Unberechenbare wird errechnet
... zumindest wird es versucht.

Dietrich Bonhoeffer schreibt dazu:
*„Geheimnislos leben heißt [...] an der Oberfläche bleiben. Heißt die Welt nur so weit
ernstnehmen, als sie verrechnet und ausgenutzt werden kann."* [14]

Unsere Welt duldet keine Geheimnisse – und unser Glaube auch nicht!
Was wir nicht erklären können, löst Zweifel aus,
                bringt uns aus der Balance,
                  stellt den liebenden Gott in Frage.
Warum handelt Gott einerseits so wunder-voll –
          und in anderen Fällen so scheinbar gnaden-los?
Denk mal nach:
Wenn Gott nicht mehr geheimnisvoll sein darf, verlierst du den Abstand zu
ihm.
Wenn du alles an Gott erklären könntest, kannst du ihn auch beherrschen.
Wenn Gottes Handeln durch-sichtig wird, wird er selbst für dich flüchtig.
Willst du das wirklich?

Schluss-Bemerkung:
*„Probleme müssen wir lösen, soweit uns das möglich ist, Geheimnisse sollen wir res-
pektieren." (Piet van Breemen)* [15]

To Do:
Danke Gott für seine offen-sichtlichen Worte und Taten
... und ehre ihn für seine Geheimnisse!

MYSTIKER

Der Fromme von morgen wird ein Mystiker sein, einer, der etwas erfahren hat, oder er wird nicht mehr sein.
Karl Rahner (1904-1984)[16]

Was sind eigentlich Mystiker? Komischer Begriff.
In der christlichen Kirchengeschichte gibt es dazu keine einheitliche Definition. Übereinstimmend gilt, dass christliche Mystiker Menschen sind, die Erfahrungen mit Gott gemacht haben, die nicht für alle Menschen ersichtlich waren – eher „geheimnisvoll" (= griechisch mystikós).

Das waren Menschen,
    ... die mehr auf ihre persönliche Einheit mit Gott
        als auf die Vielheit äußerer Einflüsse fixiert waren.
    ... denen Glaube und Liebe und Hoffnung wichtiger waren
        als theologische Diskussionen.
    ... für die Gott persönlich erfahrbar geworden war.

Hier ein paar nachdankenswerte Gedanken von christlichen Mystikern:
„Die wichtigste Stunde ist stets die Gegenwart. Der wichtigste Mensch ist immer der, der dir gerade gegenübersteht. Die wichtigste Tat ist immer die Liebe." (Meister Eckhart)
„Liebe bringt Liebe hervor." (Teresa von Avila)
„Das Gewicht der Seele – das ist die Liebe." (Ignatius von Loyola)
„Durch die Liebe werden die bittersten Leiden süß, die wunderlichsten Begebenheiten gut, die kleinsten Werke groß und göttlich." (Gerhard Tersteegen)
„Die Liebe wandelt die Seelen um und macht sie frei." (Bernhard von Clairvaux)
„Mit der Liebe zu Gott steigert sich die Liebe zum Nächsten." (Johannes vom Kreuz)

Aha! Es geht den Mystikern also um Liebe zu Gott,
und um Liebe zu den Menschen.

Wenn das mal nicht übereinstimmt mit der Aussage von Jesus:
„Du sollst den Herrn, deinen Gott, lieben von ganzem Herzen, mit ganzer Hingabe und mit deinem ganzen Verstand! [...] Liebe deine Mitmenschen wie dich selbst!"
(Matthäus 22,37+39; NGÜ)

To Do:
Mach dich auf den Weg zu den Menschen und zu Gott!
Dann liebe!

END
NOTEN

1. Romano Guardini, Die Macht, Grünewald Verlag, S.122.
2. Tomáš Halík, Nicht ohne Hoffnung, Herder Verlag, S. 210.
3. Uwe Böschemeyer, Das Leben meint mich,
   Ellert & Richter Verlag, S. 3.9.
4. www.cs-lewis.de/zitate
5. J. Francis Stroud, Anthony de Mellos kleine Lebensschule,
   Herder Verlag, 2005, S. 108
6. http://www.deutschlandfunk.de/william-james-und-die-innere-seite-der-religion.886.de.html?dram:article_id=233250
7. Dietrich Bonhoeffer, Gemeinsames Leben,
   Chr. Kaiser Verlag 1987, S. 93
8. Dietrich Bonhoeffer, Lesebuch, Chr. Kaiser Verlag, S. 74
9. Bob Buford, Halftime, Zondervan, S. 53
10. Henri J.M. Nouwen, Leben hier und jetzt, Herder Verlag 1996, S. 201
11. Charles R. Swindoll, Das Geheimnis vom Leben, Lieben und Lachen;
    Hänssler-Verlag 1993; S.179-181
12. Die Unruhe zu Gott. Gesammelte Werke, Augustinus, Paulusverlag 2000,
    Reihe Toposplus, Band 353
13. Dietrich Bonhoeffer, Ethik, Chr. Kaiser Verlag, 1975, S. 34
14. Dietrich Bonhoeffer, Lesebuch, Chr. Kaiser Verlag, 1987, S. 31
15. Piet van Breemen, Im Geheimnis daheim, Echter Verlag, 2008, S. 7
16. Karl Rahner, Frömmigkeit heute und morgen, Einsiedeln 1966, S. 335

STICHWORT
VERZEICHNIS

TESTI
MONIALS

120 lebenskluge „M" als geistiger Energy Drink für morgens, mittags, mitternachts – mächtig beeindruckend. Und schön obendrein.
Andreas Malessa

Männer brauchen Habhaftes. Das gilt nicht nur für den Magen, sondern auch für die Seele. „M wie Männer" ist geistiges und seelisches „Fingerfood für Fäuste" – bedienen Sie sich. Da steckt viel drin.
Detlef Krause (Direktor der Liebenzeller Mission)

Der Buchstabe „M" ist wichtig: in der Grundschule wird er exerziert, BMW hat ihn patentiert, der Sektverband hat ihn traktiert – aber ab jetzt ist er reserviert für Meister Armins Männerwerk. Ein Mutmacher!
Hanspeter Wolfsberger (Leiter Haus der Besinnung, Betberg)

Martin Luther bezeichnete die Bibel nicht als Lesebuch, sondern als Lebebuch. Jetzt hat er mit dem Weggenossen Armin Jans und dem Lebebuch „M wie Männer" kräftige Unterstützung bekommen. Ein Buch mit Impulsen, das einzuüben, was im Leben wirklich wichtig ist.
Arno Backhaus

Ein Mann, ein Wort! Auf alle Fälle nicht viele Worte! Ein starkes Buch für Männer, die wissen wollen, was es mit Gott auf sich hat.
Klaus Göttler (Praxisdozent und Musiker)

Ein Buch, wie man(n) es liebt: kurz und bündig, klischeehaft treffend, hintergründig und anregend. Texte und Bilder bilden eine eindrucksvolle Symbiose, die mitten in Kopf und Herz treffen. Auch Wenigleser und Büchermeider werden gerne zu diesem Buch greifen.
Siegfried Winkler (Vorstand der Evangelischen Allianz München)

Viele weitere Bücher für Männer, Ehepaare und Familien gibt es beim cap-Verlag.

IMPRESSUM

Bestell-Nr.: 52 50492
ISBN 978-3-86773-237-6

Alle Rechte vorbehalten
© 2015 by cap-books/cap-music
Oberer Garten 8
D-72221 Haiterbach-Beihingen
07456-9393-0
info@cap-music.de
www.cap-music.de

Umschlaggestaltung, Layout: Olaf Johannson, Daniel Eschner, spoon design
Fotos: © by Benjamin Kress (facebook.com/benkressphotography);
(500px.com/benkress)

Verwendete Bibelübersetzungen:

LUT: Lutherbibel, revidierter Text 1984, durchgesehene Ausgabe,
© 1999 Deutsche Bibelgesellschaft, Stuttgart.

GNB: Gute Nachricht Bibel, revidierte Fassung, durchgesehene Ausgabe,
© 2000 Deutsche Bibelgesellschaft, Stuttgart.

NGÜ: Bibeltext der Neuen Genfer Übersetzung – Neues Testament und Psalmen.
Copyright © 2011 Genfer Bibelgesellschaft. Wiedergegeben mit freundlicher
Genehmigung. Alle Rechte vorbehalten.

HFA: Die Bibelstellen sind der Übersetzung Hoffnung für alle® entnommen,
Copyright © 1983, 1996, 2002 by Biblica, Inc.®. Verwendet mit freundlicher
Genehmigung des Herausgebers Fontis – Brunnen Basel.

NLB: Neues Leben. Die Bibel © 2002 und 2006 SCM-Verlag GmbH & Co. KG, Witten.